KB059473

단단하고 만만하게!

냥냥 이랑 어휘로 과학 쏙

이은경, 정명숙 지음

어 휘 연습장

초등 3·2

머리말 수업 시간이 만만해지는 즐거운 상상

　학교는 재미있는데, 수업 시간은 좀 별로예요. 어렵고, 지루하고, 딱딱하고, 답답해요. 공부하기 싫어서 그런 것만은 아닌 것 같아요. '오늘은 열심히 해봐야지.', '나도 공부 잘하고 싶어.'라고 굳게 결심한 날에도 수업 시간은 여전히 어렵고, 지루하고, 딱딱하고, 답답하거든요.
　대체 나는 왜 이럴까요? 혹시 이런 고민해 본 적 있나요?

　수업 시간이 지루하고 힘들어서 빨리 끝나기만을 바라는 우리 친구들의 딱한 표정을 안타깝게 바라보던 냥냥이 친구들이 있었어요. 이 친구들이 모두 모여 오랜 시간 고민한 끝에 드디어 그 이유를 찾아냈지요. 범인은 바로, 교과서 속 어휘! 어휘를 모르니 내용을 이해할 수 없는 거였어요.

　우리 친구들이 보는 교과서에는 도저히 무슨 뜻인지 알 수 없는 어휘들이 툭툭 자꾸 튀어나와요. 이제 막 공부라는 것에 도전하려는 우리 친구들에게는 교과서 본문 속 어휘들이 너무나 낯설게 느껴졌을 거예요.

어휘의 뜻만 미리 알고 있었다면 척척 이해되고 기억되었을 내용인데, 겨우 그것 때문에 지금껏 교과서와 친구가 되지 못했다니 억울할 지경 이에요.

그래서 냥냥이 친구들이 '짠' 하고 이렇게 나타났어요. 공부를 열심히 해서 시험도 백 점 맞고 싶고, 나만의 소중한 꿈도 이루고 싶고, 오래 오래 기억될 훌륭한 사람이 되고 싶은 친구들을 위해 꼭 기억해야 할 어휘를 골라 설명해 주고, 숨은그림찾기, 끝말잇기, 색칠하기 등의 여 러 가지 활동을 하면 새롭게 알게 된 어휘를 내 것으로 만들어 버릴 수 있어요.

이제 냥냥이가 이끄는 대로 즐겁게 한 발씩 따라가기만 하면 돼요. 그 럼 자연스럽게 수업 시간이 만만하고, 즐겁고, 시간이 후딱 지나가는 제법 해볼 만한 도전이 될 거예요.

새롭고 힘찬 새학기의 시작을 응원하며
냥냥이 친구들이 🐾

이 책의 구성과 특징

어휘의 뜻과 초성을 제시하여 공부해야 하는 개념어를 생각하며 학습할 수 있도록 한다.

초성 퀴즈

어휘랑 놀자 06

2. 동물의 생활

남극과 북극을 중심으로 한 그 주변 지역을 무엇이라고 할까요?

ㄱ ㅈ ㅂ ⇒ ☐ ☐ ☐

찾아찾아 연결

🐾 다양한 동물이 모여 있네요. 이 동물 중에서 오늘 우리가 배운 극지방에 사는 동물을 모두 찾아 선으로 연결하세요.

해당 개념어와 관련된 다양한 형태의 문제를 풀면서 개념어를 재미있고 완벽하게 학습한다.

낙타

기린

원숭이

극지방

물개

코끼리

펭귄

북극곰

 냥냥이가 타야 할 버스는?

🐾 오늘은 즐거운 소풍날이에요. 냥냥이 친구들 모두 신이 났네요. 그런데 몇 번 버스를 타야 하는 걸까요? 아래 문제를 풀어서 냥냥이들이 타야 할 버스 번호를 알아낸 다음, 버스에 써 주세요.

문제	맞으면 1, 틀리면 2	숫자를 순서대로 이어 쓰면 버스 번호가 됩니다.
북극곰은 지방층이 두꺼워 추위를 잘 견딜 수 있다.		
극지방에는 사람이 살 수 없다.		
북극에 사는 여우는 귀가 아주 길다.		

냥냥이와 문장대결

🐾 '극지방'이라는 어휘를 넣어 알갓냥과 문장 대결을 펼쳐 볼까요?

 극지방에 사는 북극곰이 멸종되고 있대.

해당 개념어를 사용한 냥냥이의 문장을 보고, 대결하듯이 나도 한 번 만들어 본다.

차례

▶ 2. 동물의 생활

06 극지방	07 모방	08 물갈퀴	09 발굽	10 빨판
18쪽	20쪽	22쪽	24쪽	26쪽
월 일	월 일	월 일	월 일	월 일

16 야생	17 영향	18 잠수	19 증강현실	20 촉수
38쪽	40쪽	42쪽	44쪽	46쪽
월 일	월 일	월 일	월 일	월 일

26 변화	27 부식물	28 상류	29 알갱이	30 양분
58쪽	60쪽	62쪽	64쪽	66쪽
월 일	월 일	월 일	월 일	월 일

▶ 4. 물질의 상태

36 고체	37 공간	38 기체	39 상태	40 액체
78쪽	80쪽	82쪽	84쪽	86쪽
월 일	월 일	월 일	월 일	월 일

46 소리굽쇠	47 소음	48 전달	49 한계	50 효과음
98쪽	100쪽	102쪽	104쪽	106쪽
월 일	월 일	월 일	월 일	월 일

정답 108쪽

어떤 원인으로 결말이 생긴 것 또는 그런 결말의 상태를 무엇이라고 할까요?

ㄱ   ㄱ   →   ☐   ☐

 모두 찾아라

🐾 괜찮냥이 탐구를 실행하는 방법을 정리해 보았어요. 정리된 글을 읽으면서 글에 나오는 낱말 중 '결과'를 모두 찾아 ○표 하고 모두 몇 번 나오는지 세어 보세요.

탐구를 실행하는 방법	
탐구 결과를 기록할 방법 정하기	• 탐구 결과를 어떻게 기록할지 정하기
탐구 실행하기	• 탐구 계획에 따라 탐구를 실행하여 나타나는 결과 기록하기
탐구 결과 정리하기	• 탐구 결과를 정리하고 알게 된 것을 친구들과 이야기해 보기 • 탐구를 하기 전 예상한 결과와 실제 탐구 결과 비교해 보기

☐ 번

대화 완성하기

다음 각 장면의 빈칸에 알맞은 말을 보기 에서 골라 그 기호를 쓰세요.

보기   ㉠ 결론   ㉡ 결과   ㉢ 결국

수고했다

진심으로 축하해. 열심히 노력하더니 좋은 ❶( )가 나와서 다행이야.

응, 고마워.

며칠 감기로 힘들어하더니 ❷( ) 병원에 입원했구나! 괜찮아?

많이 나았어. 걱정해 줘서 고마워.

영화 재미있었어? 얼른 ❸( )부터 말해 줘.

그걸 말하면 안 되지.

냥이와 문장대결

'결과'라는 어휘를 넣어 머라냥과 문장 대결을 펼쳐 볼까요?

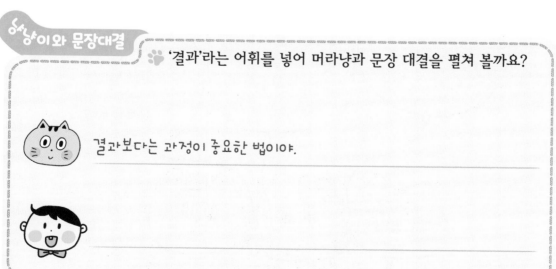

결과보다는 과정이 중요한 법이야.

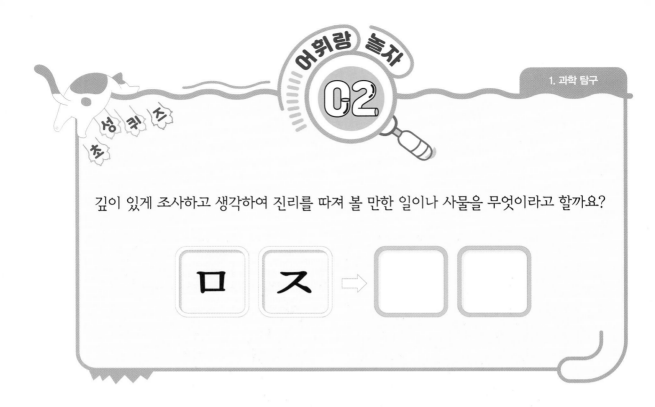

어휘랑 놀자 02

초성 퀴즈

깊이 있게 조사하고 생각하여 진리를 따져 볼 만한 일이나 사물을 무엇이라고 할까요?

ㅁ ㅈ ⇒ ☐ ☐

풍선 색칠하기

🐾 냥냥이들이 들고 있는 풍선에 적힌 내용 중 탐구 문제로 정할 만한 내용이 있는지 생각해 보세요. 그리고 탐구 문제로 정하면 좋을 내용이 들어 있는 풍선을 골라 색칠해 보세요.

평소에 어떻게 하면 비눗방울을 크게 불 수 있을까 궁금했어. 이걸 탐구 문제로 정해 볼까?

친구의 마음이 왜 그렇게 변덕스러운지 궁금해. 이걸 탐구 문제로 한 번 정해 볼까?

'어떻게 하면 종이비행기를 멀리 날릴 수 있을까?'를 탐구 문제로 정해서 실행해 보자.

암호표에서 정답을 찾아라!

다음 □□에 공통으로 들어갈 말을 찾아야 해요. 아래 암호표에 그 답이 숨어 있는데, 다행히 알갓냥이 암호를 풀 수 있는 힌트를 알고 있어요. 힌트를 잘 보고 암호표에서 답을 찾아보세요.

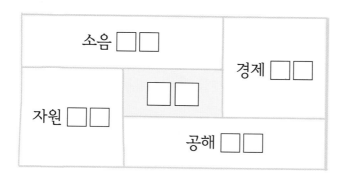

소음 □□

경제 □□

□□

자원 □□

공해 □□

힌트!
ⓑⒹⓈⒾ

정답: ☐ ☐

▶ 암호표

㉠	㉡	㉢	㉣	㉤	㉥	㉦	㉧	㉨	㉩
ㅂ	ㅈ	ㄷ	ㄱ	ㅅ	ㅁ	ㄴ	ㅇ	ㄹ	ㅎ
A	B	C	D	E	F	G	H	I	J
ㅗ	ㅓ	ㅏ	ㅜ	ㅛ	ㅕ	ㅑ	ㅐ	ㅔ	―

냥이와 문장대결

'문제'라는 어휘를 넣어 예쁘냥과 문장 대결을 펼쳐 볼까요?

차가 너무 막혀. 교통 문제가 여간 심각한 게 아니야.

어휘랑 놀자

03

초성 퀴즈

1. 과학 탐구

어떤 사실이나 결과, 작품 따위를 세상에 널리 드러내어 알리는 것을 무엇이라고 할까요?

ㅂ ㅍ ⇒ ☐ ☐

🔔 물고기를 낚아라

🐾 모르냥이 낚시를 하고 있어요. 다음 중 친구들이 이해하기 쉽도록 발표 자료를 만들려고 할 때 활용하면 좋은 것들이 적혀 있는 물고기를 모두 골라 색칠해 보세요.

그림

그래프

저울

표

사진

어휘 기차 만들기

🐾 어휘를 이어 어휘 기차를 만들어 보려고 해요. 발표의 '발'로 거꾸로 이어지는 어휘도 찾아보고, 발표의 '표'로 이어지는 어휘도 찾아보세요.

어쩌냥이와 문장대결

🐾 '발표'라는 어휘를 넣어 어쩌냥과 문장 대결을 펼쳐 볼까요?

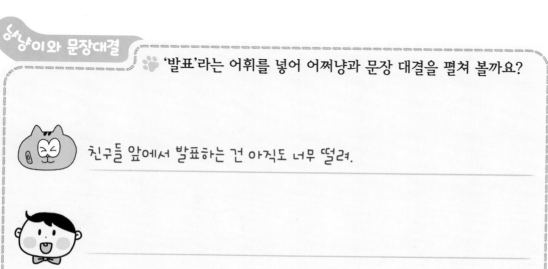

친구들 앞에서 발표하는 건 아직도 너무 떨려.

실제로 행하는 것을 무엇이라고 할까요?

ㅅ ㅎ ⇒ ☐ ☐

 ○× 퀴즈

🐾 오늘 배운 '실행'에 대한 내용을 공부하고 있어요. 내용이 맞으면 ○ 버튼에, 틀리면 × 버튼에 ∨표시를 해 주세요.

문제	○, × 선택	
(1) '실행'은 한자어로 실제로 행한다는 뜻이다.	○	×
(2) '실행'과 비슷한 뜻을 가진 낱말에는 '실시', '시행' 등이 있다.	○	×
(3) 탐구를 실행하면서 나타나는 결과는 기록하지 않아도 된다.	○	×

숨은 글자 찾기

🐾 우리가 매일 가는 학교에서 오늘 공부한 실행의 '실'과 '행' 글자를 찾아볼 수 있어요. 아래
그림에서 찾아서 ○표 하고, '실'과 '행'이 들어가는 낱말을 더 생각해서 써 보세요.

실	실험, (	), (	), (	)
행	행복, (	), (	), (	)

냥이와 문장대결

🐾 '실행'이라는 어휘를 넣어 괜찬냥과 문장 대결을 펼쳐 볼까요?

마음을 먹었다면 과감하게 실행하는 게 좋겠어.

어휘랑 놀자 05

초성 퀴즈

어떤 한 곳이나 일에 관심을 집중하여 기울이는 것을 무엇이라고 할까요?

ㅈ ㅇ ⇒ ☐ ☐

글자 다리 건너기

🐾 괜찮냥이 시냇물을 건너려고 해요. '어떤 한 곳이나 일에 관심을 집중하여 기울이는 것' 이라는 뜻을 가진 낱말의 자음, 모음이 적힌 돌만 순서대로 밟아야 건너갈 수 있대요. 어떤 돌을 밟아야 할지 색칠해 보세요.

 뜻 찾아 연결하기

다음 문장에 사용된 '주의'가 어떤 뜻인지 보기 에서 고른 다음, 사다리를 타고 내려가 빈칸에 알맞은 기호를 써 넣으세요.

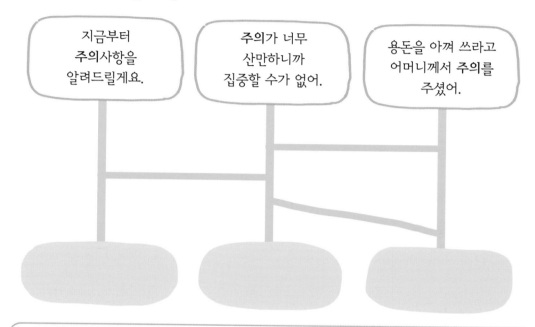

지금부터
주의사항을
알려드릴게요.

주의가 너무
산만하니까
집중할 수가 없어.

용돈을 아껴 쓰라고
어머니께서 주의를
주셨어.

보기
㉮ 경고나 훈계의 뜻으로 일깨움.
㉯ 마음에 새겨두고 조심함.
㉰ 어떤 한 곳이나 일에 관심을 집중하여 기울임.

 냥이와 문장대결

'주의'라는 어휘를 넣어 모르냥과 문장 대결을 펼쳐 볼까요?

중요한 내용을 설명할 테니 주의를 집중해 주세요.

17

어휘랑 놀자
06

초성퀴즈

남극과 북극을 중심으로 한 그 주변 지역을 무엇이라고 할까요?

ㄱ ㅈ ㅂ →

찾아찾아 연결

다양한 동물이 모여 있네요. 이 동물 중에서 오늘 우리가 배운 극지방에 사는 동물을 모두 찾아 선으로 연결하세요.

북극여우   낙타   기린   원숭이

극지방

물개   코끼리

펭귄

북극곰

냥냥이가 타야 할 버스는?

오늘은 즐거운 소풍날이에요. 냥냥이 친구들 모두 신이 났네요. 그런데 몇 번 버스를 타야 하는 걸까요? 아래 문제를 풀어서 냥냥이들이 타야 할 버스 번호를 알아낸 다음, 버스에 써 주세요.

문제	맞으면 1, 틀리면 2	숫자를 순서대로 이어 쓰면 버스 번호가 됩니다.
북극곰은 지방층이 두꺼워 추위를 잘 견딜 수 있다.		
극지방에는 사람이 살 수 없다.		
북극에 사는 여우는 귀가 아주 길다.		

냥냥이와 문장대결

'극지방'이라는 어휘를 넣어 알갓냥과 문장 대결을 펼쳐 볼까요?

 극지방에 사는 북극곰이 멸종되고 있대.

다른 것을 본뜨거나 본받는 것을 무엇이라고 할까요?

| ㅁ | ㅂ | ⇒ | | |

우리가 사용하는 물건들 중에는 동물의 특징을 활용한 것들이 많아요. 빈칸에 들어갈
말을 보기 에서 찾아 써 보세요.

> 보기 •동물: 오리, 산양, 상어, 수리, 문어
> •특징: 피부, 물갈퀴, 빨판, 발가락, 발바닥

물건	동물	특징	설명
수영복은	( )의	( )를	한 겁니다.
흡착판은	( )의	( )을	한 겁니다.
오리발은	( )의	( )를	한 겁니다.

애벌레 색칠하기

'모방'이라는 낱말과 비슷한 뜻을 가진 낱말을 찾아 애벌레를 색칠하려고 해요. 아래 낱말 중 '모방'과 비슷한 뜻을 가진 낱말을 골라 애벌레 마디마다 적고 해당하는 색깔도 칠해 주세요.

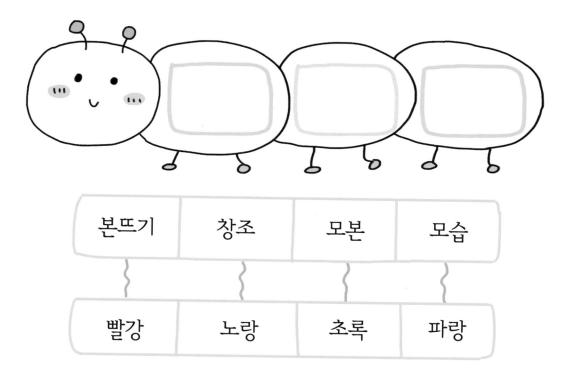

본뜨기	창조	모본	모습
빨강	노랑	초록	파랑

머라냥과 문장대결

'모방'이라는 어휘를 넣어 머라냥과 문장 대결을 펼쳐 볼까요?

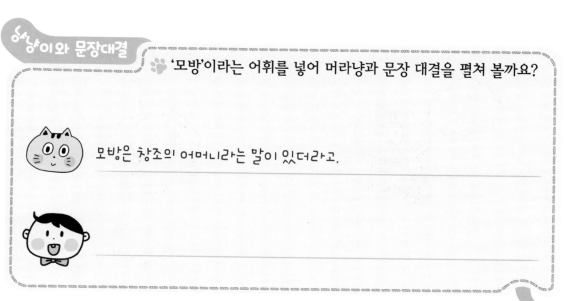

모방은 창조의 어머니라는 말이 있더라고.

어휘랑 놀자 08

초성퀴즈

개구리, 기러기, 오리 따위의 발가락 사이에 있는 엷은 막을 무엇이라고 할까요?

ㅁ ㄱ ㅋ →

분류 기준에 맞게 분류하기

냥냥이들이 보기 의 동물들을 기준에 맞게 분류해 보았어요. 어쩌냥과 예쁘냥이 분류한 동물들을 보고 알맞은 분류 기준을 써 보세요.

보기   개미, 잠자리, 상어, 오리, 수달, 까치, 낙타, 악어, 지렁이, 개구리

분류 기준   (   )가 있다.

'예'는 이쪽

'아니요'는 이쪽

수달, 오리, 개구리, 악어

개미, 잠자리, 상어, 까치, 낙타, 지렁이

 범인을 찾아라

냥냥이들이 먹으려고 아껴둔 생선이 감쪽같이 사라졌어요. 범인이 남긴 발자국을 보고
냥냥이들이 추리한 내용을 순서대로 써 보세요.

단서

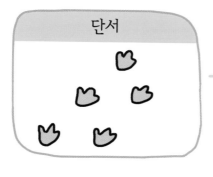

→

냥냥이들의 추리

발자국의 모양을 보니
뾰족한 부분이 있고
하나로 연결되어 있어.
발에 ❶○○○가 있다는 뜻이야.
그리고 다리는 2개야.

↓

범인은 바로

그중에 다리가 2개이고
❺○○○가 있는 동물은
❻○○뿐이야.
그러니까 범인은 바로
❼○○야.

←

주변 인물 탐색

이웃에 사는
❷○○○를 가진 동물에는
❸(ㄱ ㄱ ㄹ)와 ❹(ㅇ ㄹ),
수달 등이 있어.

❶	❷	❸	❹	❺	❻	❼

 냥이와 문장대결

🐾 '물갈퀴'라는 어휘를 넣어 예쁘냥과 문장 대결을 펼쳐 볼까요?

물갈퀴가 있으면 헤엄을 치는 데 무척 편리하지.

23

어휘랑 놀자
09

초성퀴즈

말, 소, 양 따위 짐승의 발끝에 있는 두껍고 단단한 발톱을 무엇이라고 할까요?

ㅂ ㄱ →

OX 퀴즈의 끝은?

○× 퀴즈 대회가 열렸어요. 문제를 읽으며 내가 생각하는 답을 따라 올라가 보세요.
그리고 마지막에 나온 동물에 ○표 하세요.

퀴즈 1	발굽은 발가락 끝에 있는 두껍고 딱딱하게 자란 부분을 말해.
퀴즈 2	보통 육식 포유동물의 발에는 발굽이 있어.
퀴즈 3	동물이 달릴 때 생기는 충격을 흡수하는 역할을 해.
퀴즈 4	특이하게 발달한 발톱의 한 형태라고 할 수 있어.
퀴즈 5	사슴, 기린, 말은 발굽이 있어서 뛸 때 매우 불편해.

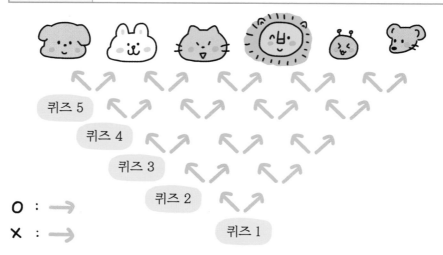

정답 110쪽

시작 단어로 돌아오기

🐾 '발굽'으로 시작해서 '발굽'으로 끝나는 끝말잇기예요. 빈칸에 들어갈 알맞은 낱말을 쓰세요.

발굽	→	굽신굽신	→	신고	→	❶
↑						↓
신발		초대장	←	❷	←	장난
↑		↓				
❺		장사	→	❸	→	자동차
↑						↓
대변	←	❹	←	도자기	←	차도

야옹이와 문장대결

🐾 '발굽'이라는 어휘를 넣어 어쩌냥과 문장 대결을 펼쳐 볼까요?

말발굽 소리가 들리는 걸 보니 근처에 승마장이 있나 봐.

_____

_____

25

어휘랑 놀자

초성 퀴즈

10

다른 동물이나 물체에 달라붙기 위한 기관을 무엇이라고 할까요?

ㅃ ㅍ →

빨판, 너는 이렇게 생겼어

빨판에 대한 설명이에요. 초성 힌트가 있는 빈칸에 알맞은 낱말을 쓰고, 문어 그림에 빨판을 직접 그려 보세요.

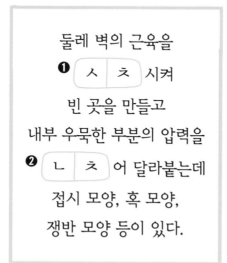

둘레 벽의 근육을

❶ ㅅ ㅊ 시켜

빈 곳을 만들고
내부 우묵한 부분의 압력을

❷ ㄴ ㅊ 어 달라붙는데
접시 모양, 혹 모양,
쟁반 모양 등이 있다.

내가 그린 문어 빨판

정답: ❶ ⬚ ❷ ⬚

새로운 어휘를 찾아라

냥냥이들이 오늘 배운 '빨판'을 이용해 새로운 낱말 만들기 놀이를 하려고 해요. '빨'과 '판'으로 시작하는 낱말에 어떤 것들이 있는지 함께 생각해 보고 2개씩 써 보세요.

냥이와 문장대결

'빨판'이라는 어휘를 넣어 괜찮냥과 문장 대결을 펼쳐 볼까요?

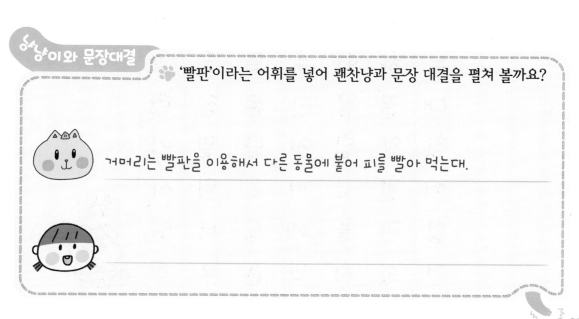

거머리는 빨판을 이용해서 다른 동물에 붙어 피를 빨아 먹는대.

2. 동물의 생활

어휘랑 놀자 11

주위의 온도에 상관 없이 일정한 온도를 유지하는 것을 무엇이라고 할까요?

ㅂ ㅇ → ☐ ☐

바른길 찾기

예쁘냥이 친구 냥냥이 집에 초대를 받았어요. 가는 길을 모르는데, '보온'의 뜻을 알면 찾아갈 수 있다고 해요. 예쁘냥이 길을 제대로 찾아갈 수 있도록 가는 길을 칠해 주세요. (오른쪽, 왼쪽, 위, 아래, 대각선 모두 갈 수 있어요.)

도착

것	두	지	보	를	검	길
는	하	떡	유	일	도	동
대	잘	정	한	온	정	한
찾	일	답	창	냥	멀	아
이	철	상	이	온	의	사
없	관	늘	에	도	너	위
건	오	시	박	촌	무	주

출발!

28

정답 110쪽

 함께 쓰이는 말

🐾 '보온'과 함께 쓰이는 말에는 어떤 것들이 있는지 찾아보기로 했어요. 아래 힌트를 참고하여 가운데 있는 보온과 함께 쓰일 수 있는 글자를 찾아 묶어 꽃잎을 그려 보세요.

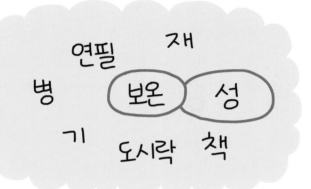

힌트	확인
보온을 유지하려는 성질	∨
밖의 온도에 관계없이 일정한 온도를 유지하도록 만들어 주는 장치나 기계	
열을 잘 옮기지 않고 보온력이 풍부하여 단열재로 쓰는 재료	
보온 통 안에 밥통, 찬통, 국통이 있어 내용물을 따뜻하게 유지해 주는 도시락	
안에 넣은 액체를 거의 같은 온도로 장시간 유지하기 위해 만든 용기	

 모르냥이와 문장대결

🐾 '보온'이라는 어휘를 넣어 모르냥과 문장 대결을 펼쳐 볼까요?

 겨울에는 보온 효과가 뛰어난 내복을 입는 것이 좋아.

29

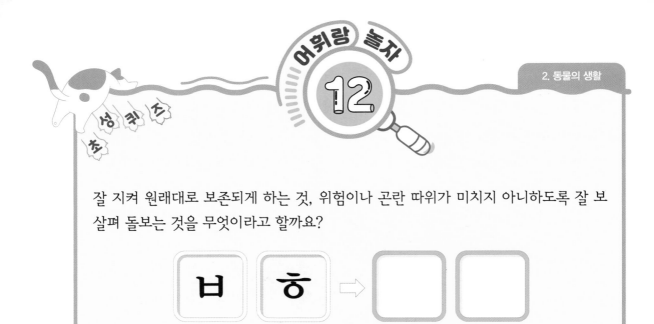

잘 지켜 원래대로 보존되게 하는 것, 위험이나 곤란 따위가 미치지 아니하도록 잘 보살펴 돌보는 것을 무엇이라고 할까요?

ㅂ ㅎ ⇒ [ ] [ ]

뜻 완성하기

보물찾기에서 머라냥이 보물쪽지 하나를 찾았는데 쪽지의 일부가 찢어졌어요. 보물쪽지에는 '보호'의 뜻이 적혀 있는데, 찢어진 부분을 완성해야 상품을 받을 수 있대요. 아래 표에서 알맞은 어구를 골라 순서대로 이어 찢어진 부분을 완성하세요.

1. 보호란 잘 지켜 원래대로 보존되게 하는 것

2. 보호란 위   따위가 미

보살펴	위치	아니하도록	원래대로
잘	위험이나 곤란	하도록	것
미끄러지지	돌보는	보존	미치지

보호란 _____

 자신만만 어휘 대결

우리가 평소에 사용하는 말 중에 '보호'가 들어가는 말에는 어떤 말이 있나요? 냥냥이
들의 한판 대결을 도와 주세요.

냥냥이와 문장대결

'보호'라는 어휘를 넣어 알갓냥과 문장 대결을 펼쳐 볼까요?

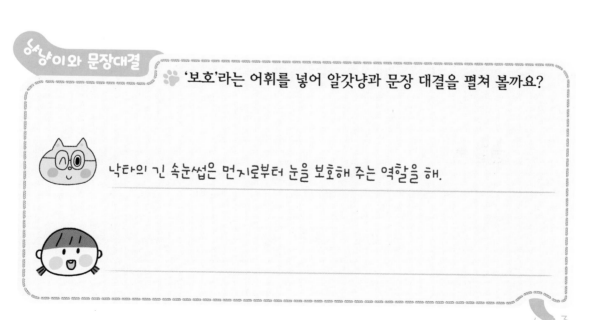

낙타의 긴 속눈썹은 먼지로부터 눈을 보호해 주는 역할을 해.

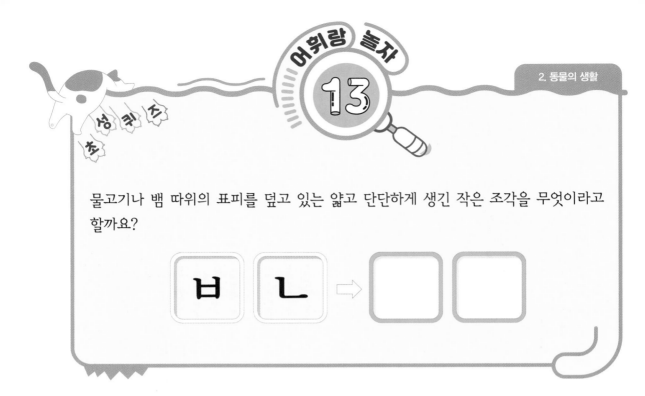

어휘랑 놀자 13

초성 퀴즈

물고기나 뱀 따위의 표피를 덮고 있는 얇고 단단하게 생긴 작은 조각을 무엇이라고 할까요?

ㅂ ㄴ → ☐ ☐

맞다 틀리다 미션

문제를 모두 풀면 맛있는 과일을 먹을 수 있대요. 다음 설명이 맞으면 '맞다'의 미션을, 틀리면 '틀리다'의 미션을 따라가서 어떤 과일이 나오는지 ○표 하세요.

설명	미션	
	맞다	틀리다
비늘은 피부를 보호하고 외부의 세균이나 기생충의 침입을 막아줘.	오른쪽으로 3칸 이동	오른쪽으로 6칸 이동
비늘구름은 희고 작은 구름 덩이가 촘촘히 흩어져 있는 모습이 마치 물고기의 비늘 같아서 붙여진 이름이야.	아래로 3칸 이동	아래로 2칸 이동
모든 물고기는 비늘이 있어.	↗으로 1칸 이동	↘으로 1칸 이동

출발 ➡

수박		바나나		키위	귤
	포도	사과	딸기		앵두

오늘 배운 '비늘'로 이행시를 지어 볼까요? 괜찬냥이 띄워 주는 운을 따라 이행시를 지어 보세요.

비!

늘!

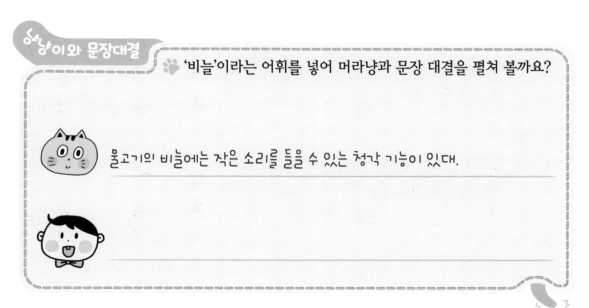

'비늘'이라는 어휘를 넣어 머라냥과 문장 대결을 펼쳐 볼까요?

물고기의 비늘에는 작은 소리를 들을 수 있는 청각 기능이 있대.

어휘랑 놀자 14

초성퀴즈

생긴 모양새를 무엇이라고 할까요?

ㅅ ㄱ ㅅ →

바른 글자 팻말 찾기

🐾 팻말의 설명을 읽고 맞으면 ○를, 틀리면 ×를 선택해서 만나는 팻말의 글자들을 모아 주세요. 어떤 어휘가 될까요?

1. 동물들은 사는 환경에 상관없이 모두 같은 생김새를 가지고 있다.

○ ↗ 상
× → 생

2. '-새'는 어떤 단어 끝에 붙어서 '모양, 상태, 정도'를 뜻한다.

○ ↗ 김
× → 길

3. '-새'가 붙는 어휘에는 차림새, 걸음새, 짜임새 등이 있다.

○ ↗ 새
× → 세

정답:

정답 111쪽

설명 듣고 상상해서 그리기

알갓냥과 상상화 그리기를 하고 있어요. 알갓냥의 설명을 듣고 어떤 모습일지 생김새를 상상해서 그려 보세요.

내가 설명하는 생김새를 잘 들어봐. 얼굴은 위아래로 긴 동그라미야. 눈은 가로로 긴 네모 모양으로 두 개가 있어. 코는 돼지코처럼 생겼어. 입은 하트 모양이고 귀는 여우귀처럼 쫑긋하고 뾰족하게 생겼어.

설명을 들으니까 생김새가 떠올라.

예쁘냥이와 문장대결

'생김새'라는 어휘를 넣어 예쁘냥과 문장 대결을 펼쳐 볼까요?

우리 둘은 자매여서 얼굴 생김새가 비슷해.

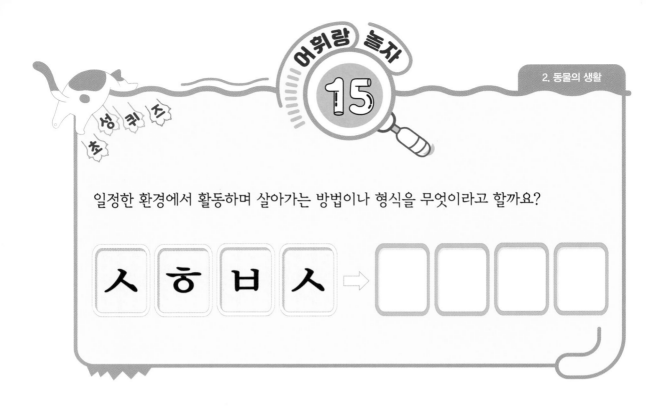

어휘랑 놀자

15

초성퀴즈

일정한 환경에서 활동하며 살아가는 방법이나 형식을 무엇이라고 할까요?

| ㅅ | ㅎ | ㅂ | ㅅ | → | | | | |

알맞은 낱말 찾기

🐾 냥냥이들이 오늘 배운 내용을 이야기하고 있어요. 냥냥이들의 이야기를 잘 정리해서 빈칸에 알맞은 낱말을 넣어 보세요.

땅에 사는 동물 중 다리가 있는 것은 걷거나 뛰어다니고 다리가 없는 것은 기어다닙니다.

날아다니는 새와 곤충은 날개가 있습니다.

물에 사는 동물 중에는 헤엄쳐 다니는 것도 있고 바닥을 기어다니거나 걸어 다니는 것도 있습니다.

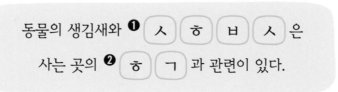

동물의 생김새와 ❶ ㅅ ㅎ ㅂ ㅅ 은 사는 곳의 ❷ ㅎ ㄱ 과 관련이 있다.

어휘를 묶어라

😺 생활 방식이 비슷한 동물들끼리 묶어 보았어요. 아직 분류하지 못한 보기 의 동물들을 어느 쪽 묶음에 넣어야 할지 화살표로 표시해 주세요.

붕어

피라미

사막뿔도마뱀

낙타

보기

미꾸라지

전갈

사막여우

어쩌냥이와 문장대결

😺 '생활 방식'이라는 어휘를 넣어 어쩌냥과 문장 대결을 펼쳐 볼까요?

 나라마다 생활 방식이 다른 건 당연해.

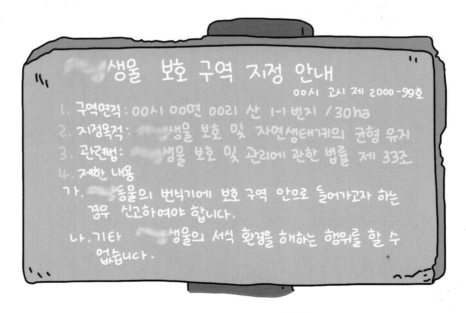

어휘랑 놀자 16

초성퀴즈

산이나 들에서 저절로 나서 자란 것, 또는 그런 생물을 무엇이라고 할까요?

ㅇ ㅅ ➡

지워진 어휘를 찾아라

냥냥이들이 열심히 뛰어놀다 다음과 같은 팻말을 발견했어요. 그런데 몇 군데가 지워져 있네요. 지워진 부분에 공통으로 들어가는 어휘를 찾아 주세요.

생물 보호 구역 지정 안내
OO시 고시 제 2000-99호

1. 구역면적 : OO시 OO면 OO리 산 1-1번지 / 30ha
2. 지정목적 :   생물 보호 및 자연생태계의 균형 유지
3. 관련법 :   생물 보호 및 관리에 관한 법률 제 33조
4. 제한 내용
  가.   동물의 번식기에 보호 구역 안으로 들어가고자 하는
       경우 신고하여야 합니다.
  나. 기타   생물의 서식 환경을 해하는 행위를 할 수
       없습니다.

정답 :

 바르게 말한 냥냥이는?

냥냥이들이 '야생'이라는 말을 이용해서 설명을 하고 있어요. 바른 설명을 하는 냥냥이를 찾아 쓰세요.

머라냥
야생동물이 너무 많으면 위험하니까 보호하지 않아도 돼.

괜찬냥
우리 집 화단에서 내가 키우는 꽃을 야생화라고 해.

예쁘냥
어제 슈퍼에서 사 먹은 사과는 야생에서 얻은 사과야.

모르냥
등산할 때는 야생동물을 조심해야 해.

정답:

 냥냥이와 문장대결

'야생'이라는 어휘를 넣어 괜찬냥과 문장 대결을 펼쳐 볼까요?

야생 멧돼지가 먹이를 찾아 종종 마을로 내려와서 주민들의 걱정이 이만 저만이 아니야.

어휘랑 놀자
17

초성퀴즈

어떤 사물의 효과나 작용이 다른 것에 미치는 일을 무엇이라고 할까요?

| ㅇ | ㅎ | → | | |

공통 어휘 찾기

🐾 야생동물들이 멸종 위기에 처한 이유에 대해 냥냥이들이 이야기를 나누고 있어요. 어쩌냥과 예쁘냥의 대화에 공통으로 들어갈 어휘를 쓰세요.

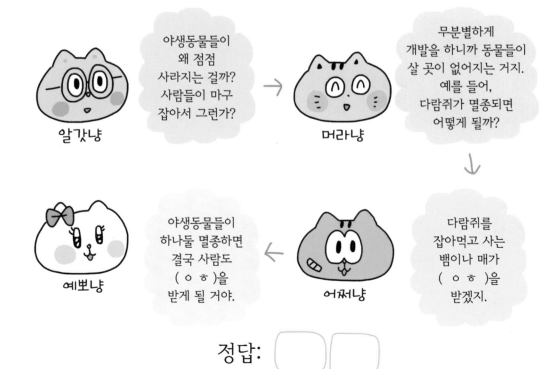

알갓냥: 야생동물들이 왜 점점 사라지는 걸까? 사람들이 마구 잡아서 그런가?

머라냥: 무분별하게 개발을 하니까 동물들이 살 곳이 없어지는 거지. 예를 들어, 다람쥐가 멸종되면 어떻게 될까?

어쩌냥: 다람쥐를 잡아먹고 사는 뱀이나 매가 (ㅇ ㅎ)을 받겠지.

예쁘냥: 야생동물들이 하나둘 멸종하면 결국 사람도 (ㅇ ㅎ)을 받게 될 거야.

정답: | | |

40

 열기구 색칠하기

🐾 다음 중 바른 설명이 적혀 있는 열기구만 뜰 수 있다고 해요. 뜰 수 있는 열기구를 모두 찾아 색칠해 보세요.

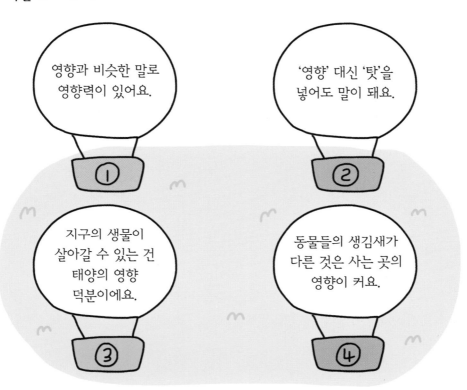

영향과 비슷한 말로 영향력이 있어요.
①

'영향' 대신 '탓'을 넣어도 말이 돼요.
②

지구의 생물이 살아갈 수 있는 건 태양의 영향 덕분이에요.
③

동물들의 생김새가 다른 것은 사는 곳의 영향이 커요.
④

🐾‍😺이와 문장대결

🐾 '영향'이라는 어휘를 넣어 모르냥과 문장 대결을 펼쳐 볼까요?

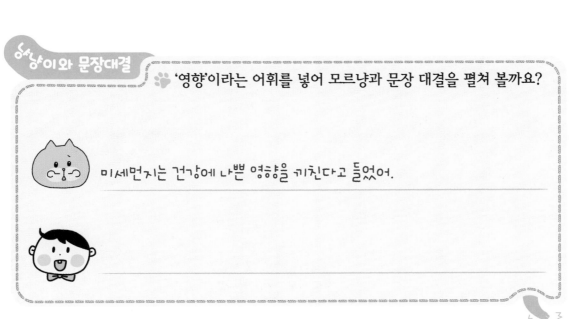

미세먼지는 건강에 나쁜 영향을 끼친다고 들었어.

어휘랑 놀자
18

초성퀴즈

물속으로 잠겨 들어가는 일을 무엇이라고 할까요?

ㅈ | ㅅ ⇒ ☐ ☐

퍼즐에 들어갈 낱말 찾기

다음 어휘 퍼즐의 가운데 조각에는 다른 퍼즐 조각의 괄호 안에 공통으로 들어가는 낱말이 적혀 있어요. 어떤 낱말인지 쓰세요.

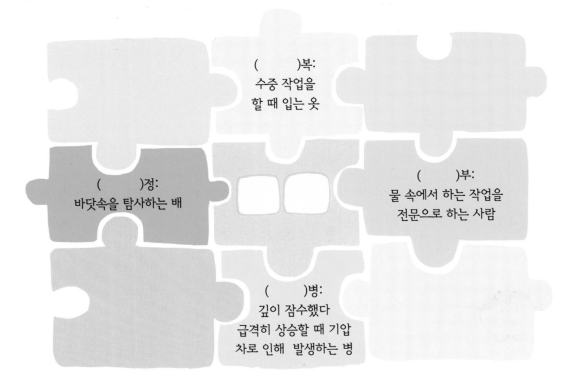

(　　)복:
수중 작업을
할 때 입는 옷

(　　)정:
바닷속을 탐사하는 배

(　　)부:
물 속에서 하는 작업을
전문으로 하는 사람

(　　)병:
깊이 잠수했다
급격히 상승할 때 기압
차로 인해 발생하는 병

뜻이 다른 하나 찾기

🐾 다음은 예쁘냥이 여행을 다녀온 후 쓴 일기예요. 일기를 읽고 밑줄 친 어휘 중 뜻이 나머지와 다른 것을 찾고 어떤 뜻인지 쓰세요.

7월 30일 금요일

제목: 즐거운 물놀이

가족들과 함께 바다에 갔다. 넓은 바다에서 수영을 하면서 즐겁게 놀기로 했다.

나는 물놀이를 할 때마다 동생과 함께 누가 ❶ <u>잠수</u>를 더 오래 하는지 내기를 한다. 나는 ❷ <u>잠수</u>를 아주 잘한다. 그래서 별명이 ❸ <u>잠수</u>다. 이번에도 내가 이겼다. 하지만 간발의 차로 이겼다. 동생의 ❹ <u>잠수</u> 실력이 많이 는 것 같다. 나도 더 열심히 연습해야겠다. 너무 즐겁고 행복한 하루였다.

정답: [   ] 번, 뜻 (   )

알갓냥이와 문장대결 🐾 '잠수'라는 어휘를 넣어 알갓냥과 문장 대결을 펼쳐 볼까요?

잠수할 때는 물안경이 꼭 필요해.

현재 실제로 존재하는 사물이나 환경에 가상의 사물이나 환경을 덧입혀서, 마치 실제로 존재하는 것처럼 보여 주는 컴퓨터 그래픽 기술을 무엇이라고 할까요?

ㅈ ㄱ ㅎ ㅅ ⇒ ☐ ☐ ☐ ☐

🐾 다음 빙고 칸 가운데에 공통으로 들어가는 글자를 찾아 적어 주세요. 그리고 각각의 글자들을 합하면 어떤 어휘가 되는지 쓰세요.

증상	증기	짜증
기증		증거
증발	수전증	증명

강의	강도	낙동강
강폭		강변
금강산	강연	강강술래

현상	현장	현악기
현실		구현
재현	현대	관현악

실천	손실	실마리
실명		성실
과학실	구실	실뜨기

정답: ☐ ☐ ☐ ☐

44

알맞은 어휘 선택하기

냥냥이들이 증강현실과 가상현실에 대해 이야기를 나누고 있어요. 대화 속에서 알맞은 어휘를 골라 ○표 하세요.

증강현실과 가상현실은 (같은, 다른) 말이야.

증강현실은 혼합현실과 (같은, 다른) 말이야.

증강현실은 실제로 (존재하는, 존재하지 않는) 배경이나 이미지에 가상을 겹쳐 보여 주는 기술이야.

가상현실은 사용하는 배경이나 이미지가 모두 (진짜, 가상)(이)야.

냥냥이와 문장대결

'증강현실'이라는 어휘를 넣어 머라냥과 문장 대결을 펼쳐 볼까요?

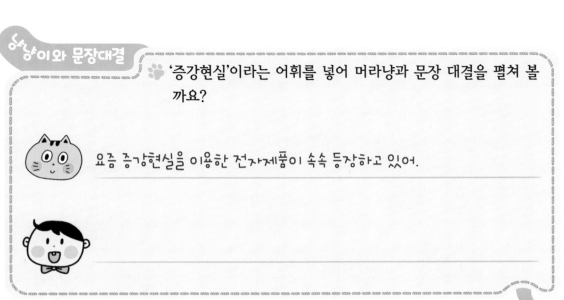

요즘 증강현실을 이용한 전자제품이 속속 등장하고 있어.

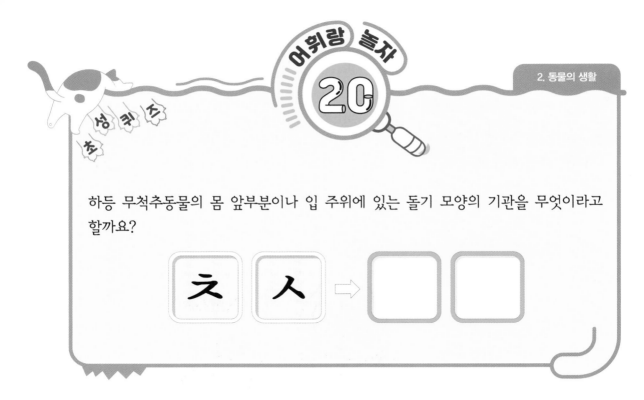

어휘랑 놀자 20

초성 퀴즈

하등 무척추동물의 몸 앞부분이나 입 주위에 있는 돌기 모양의 기관을 무엇이라고 할까요?

ㅊ ㅅ → ☐ ☐

다섯 고개를 넘어라

🐾 냥냥이 친구들이 다섯 고개 놀이를 하고 있어요. 각 고개의 질문과 답을 보고, 초성 퀴즈 'ㅊ ㅅ'의 정답을 맞혀 보세요.

한 고개 — '초'로 시작하나요? — 아니요.

두 고개 — 모든 동물이 가지고 있나요? — 아니요.

세 고개 — '수' 자로 끝나나요? — 예.

네 고개 — 받침이 없나요? — 아니요.

다섯 고개 — 달팽이, 오징어, 해파리가 갖고 있나요? — 예.

정답은 (   )야.   정답!

'수'로 끝나는 어휘 만들기

🐾 냥냥이들이 '촉수'처럼 '수'로 끝나는 어휘 찾기 놀이를 하고 있어요. 친구들의 어휘 실력은 얼마나 대단한지 겨뤄 볼까요? 할 수 있는 만큼 빈칸을 채워 보세요.

 **냥냥이와 문장대결**

🐾 '촉수'라는 어휘를 넣어 예쁘냥과 문장 대결을 펼쳐 볼까요?

 동물마다 촉수의 형태도 다르고 붙어 있는 위치도 달라.

47

어휘랑 놀자
21

초성퀴즈

다른 것에 비하여 특별히 눈에 뜨이는 점을 무엇이라고 할까요?

ㅌ ㅈ ⇒ ☐ ☐

어휘 팻말의 주인을 찾아라

🐾 냥냥이들이 비슷한 뜻을 가진 어휘들을 공부하고 있어요. 알맞은 뜻을 찾아 연결하고, 어휘 팻말의 주인을 찾아 팻말에 어휘를 써 주세요.

일정한 사물에만 있는
특수한 성질

보통의 것과
다른 점

다른 것에 비하여 특별히
눈에 뜨이는 점

특색   특징   특성

동물 이모티콘 만들기

🐾 동물들은 저마다의 특징이 있어요. 내가 좋아하는 동물을 떠올려 보고 특징을 살려 이모티콘을 만들어 보세요. (다양한 표정과 몸짓, 말풍선을 넣어도 좋아요.)

내가 좋아하는 동물과 특징	특징을 살린 이모티콘
코끼리: 코가 아주 길고, 몸 전체가 회색이다.	점심 메뉴 고민 중

내가 좋아하는 동물과 특징	특징을 살린 이모티콘

야옹이와 문장대결

🐾 '특징'이라는 어휘를 넣어 어쩌냥과 문장 대결을 펼쳐 볼까요?

이 노래의 특징은 고음 부분이 없다는 거야.

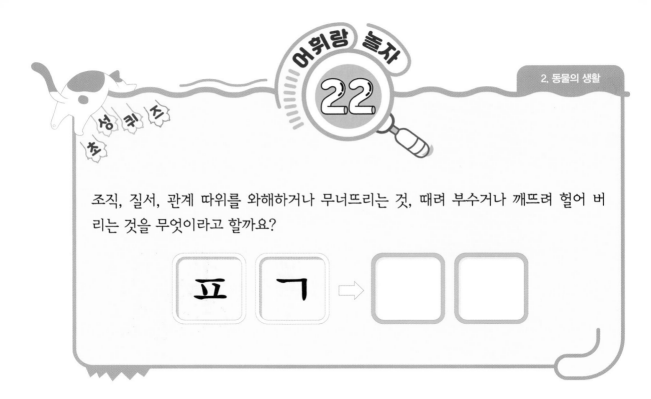

조직, 질서, 관계 따위를 와해하거나 무너뜨리는 것, 때려 부수거나 깨뜨려 헐어 버리는 것을 무엇이라고 할까요?

| ㅍ | ㄱ | ⇒ | | |

꽃잎 색칠하기

🐾 '파괴'의 뜻을 구분해 주세요. '조직, 질서, 관계 따위를 와해하거나 무너뜨리는 것'이라는 뜻으로 쓰인 꽃잎은 연두색으로, '때려 부수거나 깨뜨려 헐어 버리는 것'의 뜻으로 쓰인 꽃잎은 노란색으로 칠해 주세요.

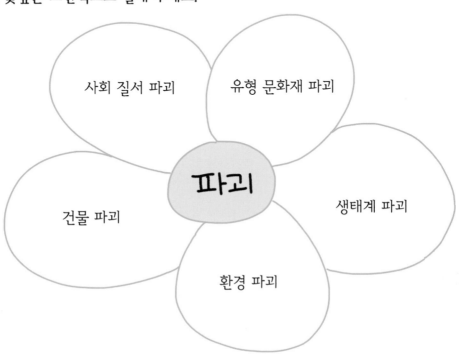

사회 질서 파괴
유형 문화재 파괴
파괴
건물 파괴
생태계 파괴
환경 파괴

환경 다짐 글 쓰기

🐾 냥냥이들이 들고 있는 어휘를 활용해 환경을 더욱 아끼고 소중히 여기는 다짐 글을 써볼까요? 어휘 카드를 3개 이상 골라 색칠하고, 그 어휘들을 넣어 환경을 아끼겠다는 마음이 담긴 글을 써 보세요.

냥냥이와 문장대결

🐾 '파괴'라는 어휘를 넣어 괜찬냥과 문장 대결을 펼쳐 볼까요?

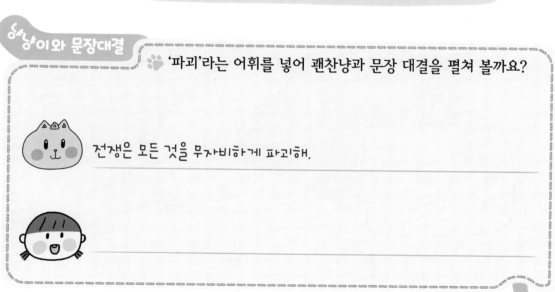

전쟁은 모든 것을 무자비하게 파괴해.

51

어휘랑 놀자

23

초성퀴즈

강을 가로질러 잰 길이, 강의 너비를 무엇이라고 할까요?

ㄱ   ㅍ   →

빈칸에 들어갈 말은?

🐾 강의 상류와 하류에 대해 조사한 내용을 정리하다 보니 빠뜨린 게 있네요. 빈칸을 채워 주세요.

상류는
❶____이 좁고
❷____가 급해요.

하류는
❶____이 넓고
❷____가 완만해요.

정답: ❶ ☐ ☐   ❷ ☐ ☐

다른 뜻 찾기

강폭은 강을 뜻하는 '강'과 너비를 뜻하는 '폭'이 합쳐진 말이에요. 냥냥이들은 우리 생활 속에서 강을 뜻하는 '강'이 들어간 낱말을 더 찾아보기로 했어요. 그런데 낱말을 잘못 찾은 냥냥이가 있네요. 누구일까요?

강수량 강산 강기술 강변

알갓냥 예뽀냥 괜찬냥 어쩌냥

정답: ☐ ☐ ☐

냥냥이와 문장대결

'강폭'이라는 어휘를 넣어 모르냥과 문장 대결을 펼쳐 볼까요?

여긴 수심도 깊고 강폭도 넓어서 위험해.

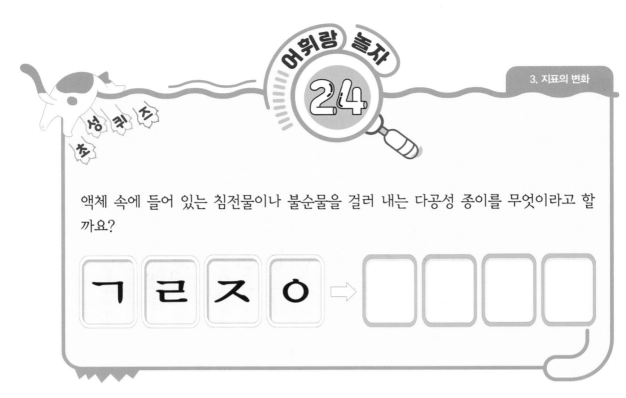

어휘랑 놀자 24

액체 속에 들어 있는 침전물이나 불순물을 걸러 내는 다공성 종이를 무엇이라고 할까요?

ㄱ ㄹ ㅈ ㅇ →

흩어진 글자 찾기

메모판에 글자를 적은 종이들이 붙어 있어요. '여러 물질이 혼합된 액체에서 액체에 녹지 않는 성질의 물질을 걸러 내는, 작은 구멍이 많은 종이'를 뜻하는 어휘를 만들려면 어떤 글자들을 모아야 할지 번호를 쓰고 완성된 어휘도 쓰세요.

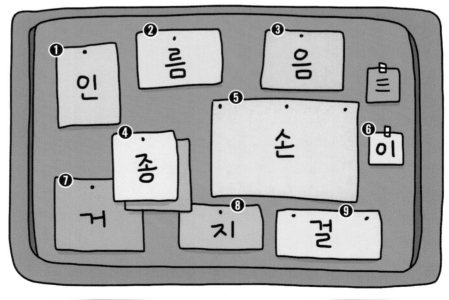

번호: , 어휘:

54

🐾 거름종이에 대해 바르게 설명한 도형의 글자를 모으면 알갓냥이 찾는 어휘를 알아낼 수 있어요. 알갓냥이 찾는 어휘는 무엇일까요?

거름종이를 현미경으로 들여다보면 작은 구멍들이 무수하게 많아요.

여

액체에 녹는 물질을 걸러 낼 수 있어요.

이

액체 속에 들어 있는 침전물이나 불순물을 걸러 내는 종이예요.

지

모래와 소금이 섞인 혼합물을 물에 넣어 저은 후 거름종이에 거르면 모래만 남아요.

과

아하! 내가 찾는 어휘는 (   )야.

냥이와 문장대결

🐾 '거름종이'라는 어휘를 넣어 알갓냥과 문장 대결을 펼쳐 볼까요?

깔때기 안에 거름종이를 넣어 줄래?

어휘랑 놀자

25

초성퀴즈

파도를 막기 위하여 항만에 쌓은 둑으로, 바다의 센 물결을 막아서 항구를 보호하는 것을 무엇이라고 할까요?

| ㅂ | ㅍ | ㅈ | → | | | |

 바르게 연결하기

다음 비슷한 3개의 어휘들이 어떤 뜻을 가지고 있는지 조사해서 바른 설명과 연결해 주세요

막을 모래 둑
방 사 제

높이 밀려드는
조수의 피해를 막기 위하여
바닷가에 쌓은 둑
*조수: 밀물과 썰물을 통틀어 이르는 말

막을 물결 둑
방 파 제

흙이나 모래가
항만에 밀려와 물의 깊이가
얕아지는 것을 막기 위하여
쌓은 둑

막을 밀물 둑
방 조 제

항구로 밀려드는
파도를 막기 위하여
바다에 쌓은 둑

생각이 자라는 어휘 만들기

🐾 '방파제'를 이용해 어휘 만들기를 해 볼까요? '방'으로 시작하는 어휘, '파'가 중간에 들어가는 어휘, '제'로 끝나는 어휘를 2가지씩만 써 보세요. (글자 수는 상관없어요.)

'방'으로 시작하는 어휘	예 방송국, 방탄소년단, 방향

'파'가 중간에 들어가는 어휘	예 건파래, 가파도, 해파리

'제'로 끝나는 어휘	예 숙제, 경제, 어제

 머냥이와 문장대결

🐾 '방파제'라는 어휘를 넣어 머라냥과 문장 대결을 펼쳐 볼까요?

저기 방파제에 앉아 있는 비둘기 떼 좀 봐.

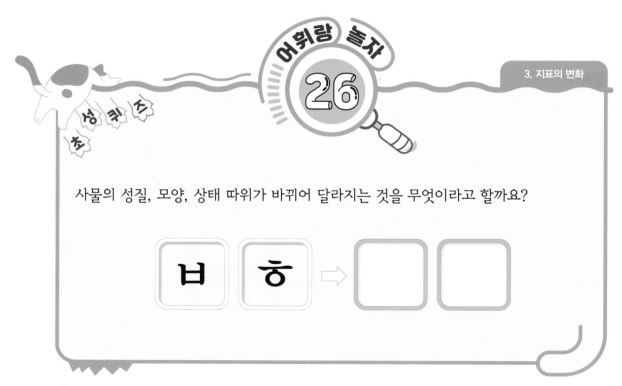

어휘랑 놀자

26

초성 퀴즈

사물의 성질, 모양, 상태 따위가 바뀌어 달라지는 것을 무엇이라고 할까요?

ㅂ ㅎ → ☐ ☐

 문장에 어울리는 어휘 찾기

🐾 알갓냥이 어휘 공부를 하고 있어요. 알쏭달쏭한 표정의 알갓냥을 대신해서 각 문장의
☐ 안에 알맞은 말을 써 보세요.

변색?
변신?
변경?
모두
'변한다'는 뜻을
가지고 있네?

모자를 쓰고 있던 마법사는 순식간에
지팡이로 ❶ ☐☐ 했다.

베란다에 두었던 화분이
누렇게 ❷ ☐☐ 되어 있었다.

오늘 태풍이 온대.
우리의 여행 계획을 ❸ ☐☐ 해야 해.

정답 113쪽

 정리 쏙쏙, 빈칸을 채워라

다음은 예쁘냥이 수업 시간에 배운 내용을 정리한 표예요. 예쁘냥의 정리가 완벽해지도록 알맞은 내용을 골라 ○표 하고, □ 안에 들어갈 어휘를 쓰세요.

배움 정리 1	흐르는 물은 바위나, 돌, 흙 등을 (높은 곳, 낮은 곳)으로 운반하여 쌓아 놓는다.
배움 정리 2	흐르는 물은 (오랜 시간, 짧은 시간)에 걸쳐 지표의 모습을 □□ 시킨다.
배움 정리 3	지표를 □□ 시키는 작용에는 침식 작용, 운반 작용, 퇴적 작용이 있다.

열심히 정리했어!

냥이와 문장대결 　'변화'라는 어휘를 넣어 예쁘냥과 문장 대결을 펼쳐 볼까요?

사람들의 옷차림을 보니까 계절의 변화가 느껴져.

식물의 뿌리나 줄기, 작은 곤충 등이 오랫동안 썩어서 만들어진 것을 무엇이라고 할
까요?

| ㅂ | ㅅ | ㅁ | ⇒ | | | |

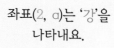 좌표를 읽어라

🐾 알갓냥이 좌표에서 '식물의 뿌리나 줄기, 작은 곤충 등이 오랫동안 썩어서 만들어진 것'
이라는 뜻을 가진 어휘를 찾고 있어요. 알갓냥이 찾는 어휘를 쓰고, 그 어휘의 좌표를 읽
어 보세요.

좌표(2, a)는 '강'을
나타내요.

좌표	1	2	3	4	5
a	뿌	강	팔	태	물
b	곤	아	산	감	동
c	산	부	파	우	나
d	대	노	색	식	엄
e	강	흙	다	화	무

① 알갓냥이 찾는 어휘 | | | |

② 좌표는 (,) (,) (,)이다.

🐾 부식물에 대한 바른 설명이 적힌 돌만 밟아야 집에 갈 수 있대요. 예쁘냥이 무사히 집에 갈 수 있도록 바른 설명이 적힌 돌을 찾아 노란색으로 칠해 주세요.

부식물은 화단 흙보다 운동장 흙에 더 많아요.

부식물이 많을수록 식물은 잘 자라지 못해요.

식물이 잘 자라는 흙에 많이 섞여 있어요.

식물의 뿌리나 줄기, 죽은 곤충 등이 썩은 것을 말해요.

부식물이 많은 흙은 물을 부었을 때 물에 뜨는 물질이 많아요.

어냥이와 문장대결

🐾 '부식물'이라는 어휘를 넣어 어쩌냥과 문장 대결을 펼쳐 볼까요?

부식물은 동물의 먹이가 되기도 해.

어휘랑 놀자 28

초성 퀴즈

강이나 내의 발원지에 가까운 부분을 무엇이라고 할까요?

ㅅ ㄹ → ☐ ☐

 가로세로 퍼즐

다음 십자말풀이의 빈칸을 채워 주세요.

	❶	❷온		
❸			❶	
			❷	
❹		❸	화	

가로 열쇠

❶ 주위의 온도에 관계 없이 일정한 온도를 유지함.

❷ 강이나 내의 발원지에 가까운 부분

❸ 사물의 성질, 모양, 상태 따위가 바뀌어 달라지는 것

❹ 우리나라 서남해 쪽에 있는 가장 큰 화산섬, ○○도

세로 열쇠

❶ 실물을 보지 않고 추측과 생각으로 그린 그림

❷ 따뜻함과 차가움의 정도

❸ 파도를 막기 위하여 항만에 쌓은 둑

 이곳은 어디?

다음은 강 주변의 모습이 담긴 그림 카드예요. 강 상류에서 볼 수 있는 모습을 찾아 ○표 하세요.

( )   상류   ( )

( )   ( )

 이와 문장대결

'상류'라는 어휘를 넣어 괜찮냥과 문장 대결을 펼쳐 볼까요?

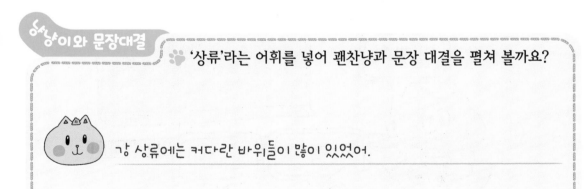

강 상류에는 커다란 바위들이 많이 있었어.

어휘랑 놀자 29

초성 퀴즈

작고 동그랗고 단단한 물질을 무엇이라고 할까요?

| ㅇ | ㄱ | ㅇ | → | | | |

골든벨을 울려라!

냥냥이들이 골든벨 마지막 문제에 도전하고 있어요. 이번 문제를 맞추고 골든벨을 울릴 냥냥이는 누구일까요? 정답을 든 냥냥이의 이름에 ○표 하세요

알갱이

알겡이   알맹이

작고 동그랗고 단단한 물질을 이르는 말로 열매나 곡식 따위의 낱알, 또는 그 낱알을 세는 단위로도 쓰임.

어쩌냥

알갓냥

모르냥

만화 완성하기

🐾 대사에 '알갱이'라는 어휘를 넣어 왼쪽 그림과 이어지도록 2컷 만화를 완성해 보세요.

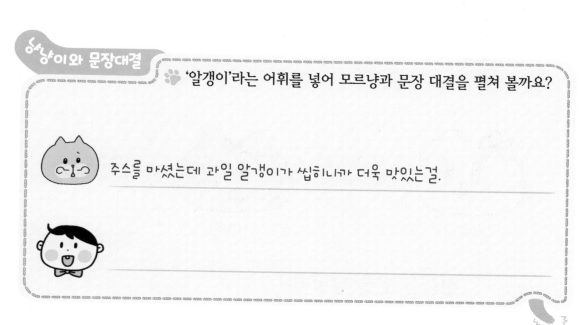

용냥이와 문장대결

🐾 '알갱이'라는 어휘를 넣어 모르냥과 문장 대결을 펼쳐 볼까요?

주스를 마셨는데 과일 알갱이가 씹히니까 더욱 맛있는걸.

공원으로 나들이 간 냥냥이들이 보물찾기 놀이를 하고 있어요. '영양이 되는 성분'이라는 뜻을 가진 단어가 적힌 쪽지를 찾아야 선물을 받을 수 있대요. 냥냥이들 중 누가 선물을 받을 수 있을까요?

선물을 받을 냥냥이:

66

내가 만날 친구는?

🐾 어쩌냥이 친구를 만나러 가고 있어요. 누구에게 가려는 걸까요? 문제를 읽고 해결해서 만나러 가는 친구 냥냥이에게 ○표 하세요.

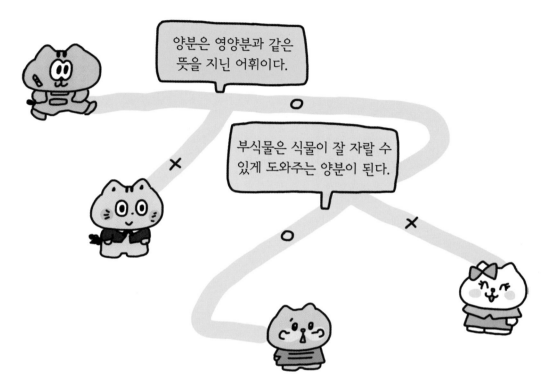

양분은 영양분과 같은 뜻을 지닌 어휘이다.

부식물은 식물이 잘 자랄 수 있게 도와주는 양분이 된다.

냥냥이와 문장대결

🐾 '양분'이라는 어휘를 넣어 알갓냥과 문장 대결을 펼쳐 볼까요?

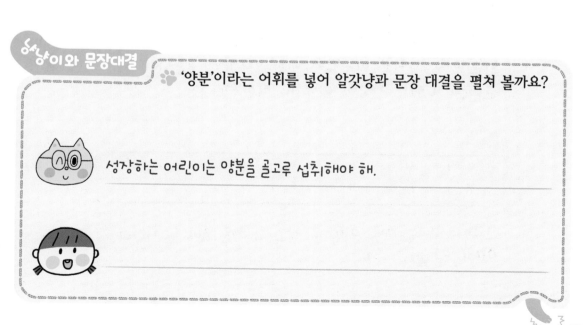

성장하는 어린이는 양분을 골고루 섭취해야 해.

어휘랑 놀자
31

초성 퀴즈

어떠한 현상을 일으키거나 영향을 미치는 것을 무엇이라고 할까요?

| ㅈ | ㅇ | → | | |

 이야기 완성하기

냥냥이가 '흙 알갱이의 여행 이야기'를 쓰고 있어요. 그런데 그만 중간 부분이 지워져 버렸지 뭐예요. '작용'이라는 어휘를 넣어 이야기가 잘 이어지도록 여러분이 빈 부분을 채워 주세요.

안녕. 나는 작고 귀여운 흙 알갱이야.
내가 흙이 되기 전에 뭐였는지 궁금하지 않아?
나는 아주 커다란 바위였어. 너희들보다 훨씬 크고 단단한 바위.
그런데 내가 어떻게 이렇게 작아졌냐고?

_____

_____

그래서 나는 지금 이렇게 작고 귀여운 흙이 된 거란다.
이제 알겠지?

벌집 모양 끝말잇기

🐾 벌집 모양으로 끝말잇기를 해 볼까요? 빈 벌집을 모두 채워 보세요.

_____명 명작 작용 용서 울산 산_____

_____작 용_____

야옹이와 문장대결

🐾 '작용'이라는 어휘를 넣어 머라냥과 문장 대결을 펼쳐 볼까요?

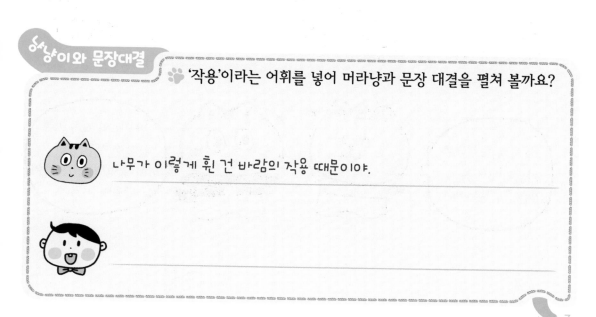

나무가 이렇게 휜 건 바람의 작용 때문이야.

땅의 생긴 모양이나 형세를 무엇이라고 할까요?

ㅈ ㅎ →

냥냥이들이 바닷가 주변의 모습을 공부하며 이야기를 나누고 있어요. 대화의 □□에 공통으로 들어갈 말을 쓰세요.

이 사진들은 모두 바닷가에서 볼 수 있는 □□들이야.

바닷물의 작용으로 오랜 시간 동안 서서히 이런 □□들이 만들어진 거야.

정답:

정답 115쪽

 **바른 설명 찾기**

냥냥이들이 지형에 대해 알게 된 내용을 하나씩 설명하고 있어요. 바른 설명을 모두 찾아 선으로 이어 보세요.

지형이란 땅의 생긴 모양이나 형세를 뜻하는 말이야.

강 주변의 지형은 시간이 지나도 항상 변함이 없어.

지형

지형지물이란 땅의 생김새와 땅 위에 있는 모든 물체를 아울러 이르는 말이야.

땅 위의 모양과 땅 위에 서 있는 사물들을 정확하고 자세히 그린 그림을 지형도라고 해.

 냥냥이와 문장대결

'지형'이라는 어휘를 넣어 예쁘냥과 문장 대결을 펼쳐 볼까요?

우리나라는 전체적으로 동쪽이 높고 서쪽이 낮은 지형이야.

초성 퀴즈

어휘랑 놀자 33

비, 하천, 빙하, 바람 따위의 자연 현상이 지표를 깎는 일을 무엇이라고 할까요?

ㅊ ㅅ ⇨ ☐ ☐

알고 싶은 내용 검색하기

'침식'에 대해 더 알고 싶은 친구들이 인터넷 검색창에 '침식'을 검색해 보았어요. 검색 결과로 나올 수 없는 내용을 찾아 번호에 ∨표 하세요.

침식 🔍

1 침식은 강 상류에서 잘 일어납니다.

2 산 곳곳에 있는 폭포에서는 폭포수에 의해 주변 바위가 조금씩 깎입니다.

3 침식은 흐르는 물에 의해서만 일어납니다.

4 강의 경사가 급한 곳에서 침식이 더욱 빨리 일어납니다.

정답 115쪽

알맞은 어휘 넣기

🐾 냥냥이들이 바닷가 주변 지형을 공부하며 실력이 제법 쌓였어요. 함께 공부했던 바닷가 주변의 모습을 다음과 같이 두 가지로 나누어 놓았네요. 어떤 기준으로 나누었는지 생각해 보고 빈칸에 알맞은 말을 쓰세요.

➡ 절벽과 구멍이 뚫린 바위는 파도가 치면서 지표를 깎아 만들어졌어.

즉, ⬚⬚ 작용으로 만들어진 지형인 거지.

➡ 갯벌이나 모래사장은 파도가 강하지 않아서 모래나 진흙이 쌓여

만들어졌어. 즉, 퇴적 작용으로 만들어진 지형인 거지.

냥냥이와 문장대결

🐾 '침식'이라는 어휘를 넣어 어쩌냥과 문장 대결을 펼쳐 볼까요?

이런 U자곡은 빙하에 의해 침식된 지형이야.

73

어휘랑 놀자 34

초성퀴즈

기복이 매우 작고, 지표면이 평평하며 너른 들을 무엇이라고 할까요?

ㅍ ㅇ → ☐ ☐

틀린 어휘 고치기

머라냥과 예쁘냥의 설명 중에서 잘못 사용한 어휘를 찾아 바르게 고쳐 보세요.

땅이 높아졌다가 낮아졌다 하는 기복이 작고,
평평하며 좁은 땅을 평야라고 합니다.

잘못 사용한 낱말 : _____ ⇨ 고친 낱말 : _____

평야는 기름진데다 물을 구하기가 어려워서
사람들이 많이 모여 살고 도시가 발달합니다.

잘못 사용한 낱말 : _____ ⇨ 고친 낱말 : _____

74

왼쪽 설명의 빈칸에 들어갈 말을 오른쪽 글자판에서 찾아 색칠하고 숨어 있는 비밀 숫자를 찾아보세요.

강물은 흐르면서 끊임없이 침식 작용, ○○작용, 퇴적 작용을 합니다.

흐르는 물이 상류의 크고 모난 바위나 돌, 모래 등을 깎아 낮은 곳으로 운반해 가는 동안 바위나 돌의 △△△의 크기는 점점 작아집니다.

이렇게 작아진 △△△들이 쌓여 이루어진 평평하고 너른 들을 ◇◇라고 합니다.

땅	운	평	야
모	반	바	알
래	겡	람	갱
흙	퇴	적	이

비밀 숫자는? ☐

야옹이와 문장대결

'평야'라는 어휘를 넣어 괜찮냥과 문장 대결을 펼쳐 볼까요?

산지보다는 평야가 농사를 짓기에 편리해.

어휘랑 놀자

35

초성퀴즈

강이나 내의 아래쪽 부분을 무엇이라고 할까요?

ㅎ　ㄹ　→　□　□

어디일까?

강에는 상류와 중류, 그리고 하류가 있어요. 다음 강 모습에서 상류, 중류, 하류는 어디인지 찾아 동그라미 안에 쓰세요.

설명에 알맞은 낱말 찾기

🐾 문제의 빈칸에 알맞은 낱말은 무엇일까요? 아래 어휘 퍼즐에서 답을 찾아 묶어 주세요.

문제
❶ 강 상류에는 바위가 많고, 강 ○○에는 모래나 진흙이 많습니다.
❷ 강 상류는 침식 작용이 활발하고, △△이 좁으며 경사가 급합니다.
❸ 강 하류는 퇴적 작용이 활발하고, 강폭이 넓으며 경사가 □□합니다.

바	퇴	적	래	완
돌	하	위	만	운
설	흙	류	모	활
경	사	알	강	작
이	갱	반	폭	많

야냥이와 문장대결

🐾 '하류'라는 어휘를 넣어 모르냥과 문장 대결을 펼쳐 볼까요?

철새들은 낙동강 하류에서 겨울을 보내.

_____

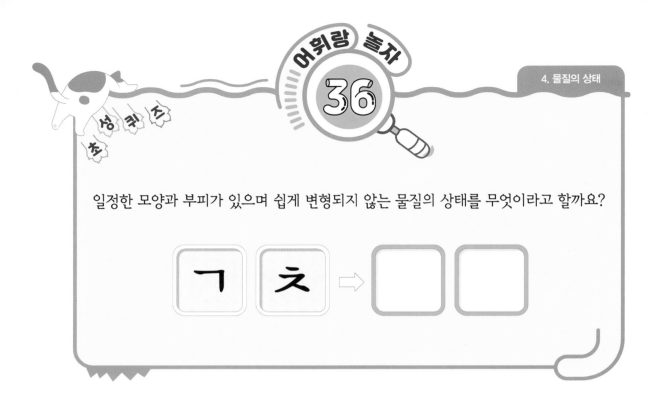

어휘랑 놀자
36
초성 퀴즈

일정한 모양과 부피가 있으며 쉽게 변형되지 않는 물질의 상태를 무엇이라고 할까요?

ㄱ ㅊ → ☐ ☐

고체로 된 물질 찾기

우리 주변에서 고체로 된 물질에는 어떤 것들이 있는지 찾아서 아래 생각그물 빈 곳에 쓰세요.

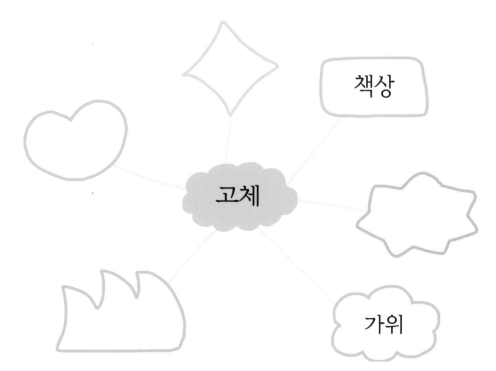

책상

고체

가위

비밀번호를 찾아라

🐾 친구가 컴퓨터 비밀번호를 잊어버렸대요. 비밀번호 4자리 숫자를 찾으려면 다음 문제를 해결해야 해요. 친구가 비밀번호를 무사히 찾을 수 있도록 도와 주세요. (나온 숫자를 순서대로 연결하면 비밀번호가 된답니다.)

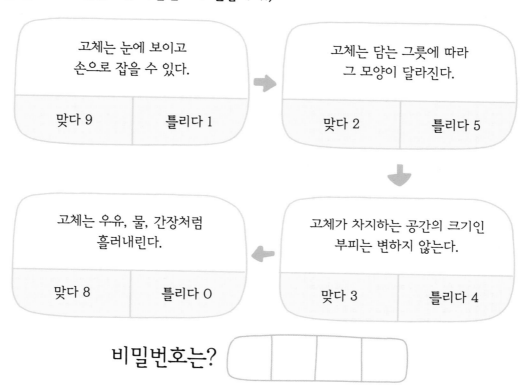

고체는 눈에 보이고
손으로 잡을 수 있다.

| 맞다 9 | 틀리다 1 |

고체는 담는 그릇에 따라
그 모양이 달라진다.

| 맞다 2 | 틀리다 5 |

고체는 우유, 물, 간장처럼
흘러내린다.

| 맞다 8 | 틀리다 0 |

고체가 차지하는 공간의 크기인
부피는 변하지 않는다.

| 맞다 3 | 틀리다 4 |

비밀번호는? ☐☐☐☐

냥이와 문장대결

🐾 '고체'라는 어휘를 넣어 알갓냥과 문장 대결을 펼쳐 볼까요?

 나프탈렌은 고체인데 어떻게 시간이 지나면 크기가 점점 작아지는 걸까?

어휘랑 놀자 37

4. 물질의 상태

초성퀴즈

아무것도 없는 빈 곳을 무엇이라고 할까요?

ㄱ ㄱ → □ □

나는 어휘 부자!

🐾 다음 초성으로 시작하는 어휘에는 어떤 것들이 있을까요? 냥냥이들의 실력도 만만치 않네요. 여러분도 최대한 많이 생각해서 적어 보세요.

교가

ㄱ ㄱ

가공

국가

80

문제 내고 답하기

냥냥이들이 문제 내고 답하기 놀이를 하고 있어요. 어떤 문제를 내는지, 어떤 답을 하는지 살펴보고 빈칸에 공통으로 들어갈 말을 찾아 주세요.

첫 번째 문제야.
우리 집에 불이 났을 때, 내 몸을 피할 수 있는 곳이 있어. 어디일까?

정답! 대피 ☐☐

이번엔 내 차례야!
여러 이용자가 정보를 주고받으면서 서로에게 영향을 미치는 인터넷상의 가상 세계를 뭐라고 할까?

정답! 사이버 ☐☐

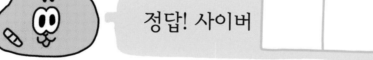
냥냥이와 문장대결

'공간'이라는 어휘를 넣어 머라냥과 문장 대결을 펼쳐 볼까요?

여기 내가 가장 좋아하는 공간이야.

81

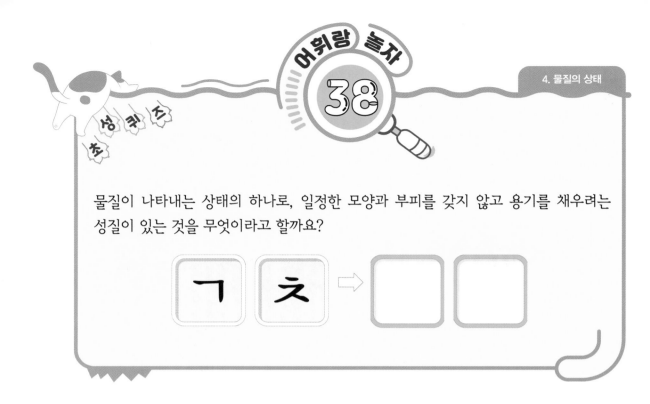

어휘랑 놀자

38

초성퀴즈

물질이 나타내는 상태의 하나로, 일정한 모양과 부피를 갖지 않고 용기를 채우려는 성질이 있는 것을 무엇이라고 할까요?

ㄱ ㅊ ⇒ ☐ ☐

나는 무엇일까요?

🐾 다음은 문제를 풀 수 있게 도와주는 힌트 질문과 답이에요. 힌트가 가리키는 것이 무엇 인지 찾아 ○표 하세요.

힌트 질문	힌트 답
공간을 차지하나요?	예.
무게가 있나요?	예.
손으로 잡을 수 있나요?	아니요.
담는 그릇에 따라 모양이 변하나요?	예.
누르는 힘에 따라 부피가 변하나요?	예.

바람개비를 돌리는 공기   오렌지 주스   자갈돌

(   )   (   )   (   )

 정답 116쪽

 비눗방울 색칠하기

🐾 냥냥이들이 비눗방울 놀이를 하고 있어요. 색깔이 있는 비눗방울이면 더욱 예쁠 것 같아요. 바른 내용의 비눗방울에 알록달록 색을 칠해 주세요.

축구공, 튜브
안을 채우고 있는
공기는
기체이다.

풍선을 채우는
공기의 모양은
풍선의 모양과
같아진다.

공기를 넣은
축구공과
넣지 않은 축구공은
무게가 같다.

기체는
다른 곳으로
이동할 수 있다.

 냥냥이와 문장대결

🐾 '기체'라는 어휘를 넣어 예쁘냥과 문장 대결을 펼쳐 볼까요?

 물은 섭씨 100도에서 끓으면서 기체로 변해.

어휘랑 놀자

39

초성퀴즈

사물이나 현상이 놓여 있는 모양이나 형편을 무엇이라고 할까요?

ㅅ　ㅌ　⇒　□　□

바른 답을 말하는 냥냥이는?

🐾 다음 문제의 □□에 들어갈 바른 답을 말하고 있는 냥냥이는 누구일까요? 찾아서 이름에 ○표 하세요.

지구상의 물질은 대부분 고체, 액체, 기체의 세 가지 □□로 존재해요.

내가 생각하는 정답은 '어휘'야.

내가 생각하는 정답은 '물체'야.

알갓냥

괜찮냥

내가 생각하는 정답은 '상태'야.

예뿌냥

어쩌냥

내가 생각하는 정답은 '사실'이야.

84

 공통 글자와 새로운 어휘 찾기

🐾 다음 생각그물에 공통으로 들어가는 글자 한 개씩을 찾아 주세요. 그리고 그 글자가 들어가는 다른 어휘를 더 써 보세요.

대상 감상 상상   동태 태엽 태극기

상황 （　） 상실   태풍 （　） 태도

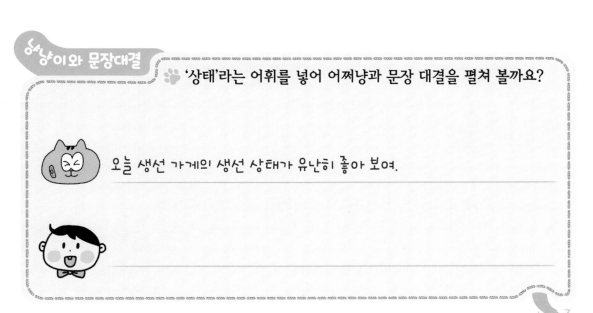

어쩌냥이와 문장대결

🐾 '상태'라는 어휘를 넣어 어쩌냥과 문장 대결을 펼쳐 볼까요?

오늘 생선 가게의 생선 상태가 유난히 좋아 보여.

어휘랑 놀자 40

초성퀴즈

일정한 부피는 가졌으나 일정한 형태를 가지지 못한 물질을 무엇이라고 할까요?

ㅇ ㅊ ⇒ ☐ ☐

다섯 고개 문제 내기

😺 친구들에게 낼 다섯 고개 문제를 만들었어요. 빈칸에 어떤 말을 넣으면 친구들이 정답을 맞힐 수 있을지 여러분이 채워 보세요.

한 고개	나는 ❶☐의 젖으로, 살균해서 음료로 마셔.
두 고개	나는 손으로 잡을 수 없어. 잡으면 흘러내리는 ❷☐☐야.
세 고개	아이스크림의 원료로도 사용돼.
네 고개	나는 아주 고소하고 시리얼과 섞어 먹어도 맛있어.
다섯 고개	나는 건강에 매우 좋아.

정답: 우유

86

숨은그림찾기

🐾 다음 놀이터 그림 속에는 다양한 고체, 액체, 기체가 숨어 있어요. 액체 4가지를 찾아
○표 하세요.

야옹이와 문장대결

🐾 '액체'라는 어휘를 넣어 괜찮냥과 문장 대결을 펼쳐 볼까요?

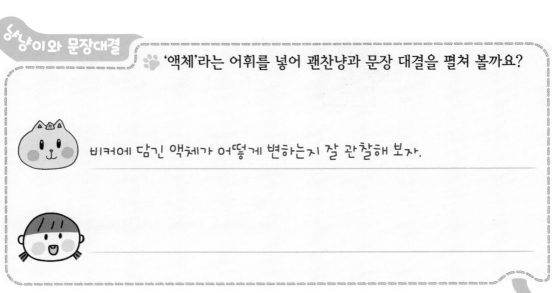

비커에 담긴 액체가 어떻게 변하는지 잘 관찰해 보자.

어휘랑 놀자
41

초성퀴즈

사물의 근본이 되는 이치를 무엇이라고 할까요?

| ㅇ | ㄹ | → | | |

십자말풀이

🐾 어쩌냥이 십자말풀이를 하고 있어요. 세로 열쇠와 가로 열쇠를 보고 빈칸을 채워 보세요.

가로 열쇠

❶ 과실 나무를 심은 밭

흔히 먹을 수 있는 열매를 얻기 위하여 배나무, 감나무, 밤나무, 대추나무 따위를 가꾼다.

세로 열쇠

❷ 사물의 근본이 되는 이치

행위의 근본이 되는 규범이라는 뜻도 있다.

정답 117쪽

새로운 무지개 만들기

🐾 새로운 무지개를 만들어 보려고 해요. '원리'가 문장 속에서 바르게 사용되었는지 잘
읽어보고, 알맞은 색깔을 칠해 새로운 무지개를 만들어 보세요.

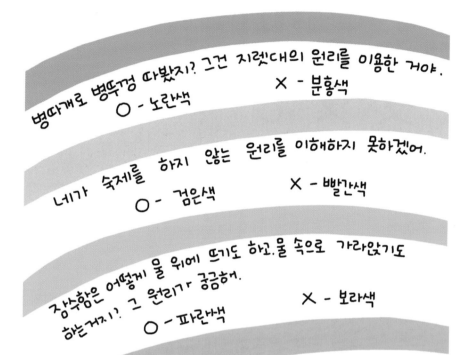

병따개로 병뚜껑 따봤지? 그건 지렛대의 원리를 이용한 거야.
O - 노란색   X - 분홍색

네가 숙제를 하지 않는 원리를 이해하지 못하겠어.
O - 검은색   X - 빨간색

잠수함은 어떻게 물 위에 뜨기도 하고 물 속으로 가라앉기도
하는거지? 그 원리가 궁금해.
O - 파란색   X - 보라색

야옹이와 문장대결

🐾 '원리'라는 어휘를 넣어 모르냥과 문장 대결을 펼쳐 볼까요?

로켓이 하늘로 올라가는 원리는 기체와 관련이 있어.

89

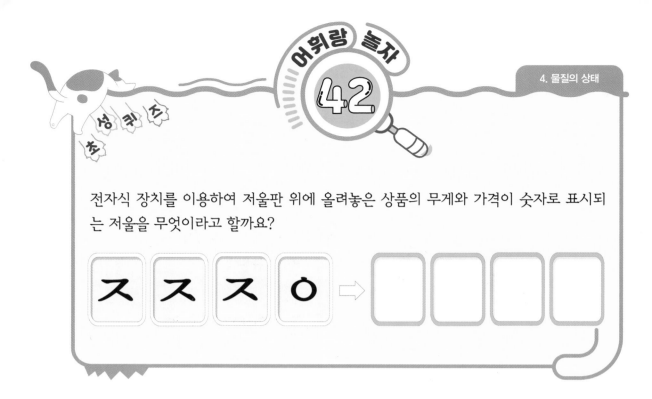

어휘랑 놀자 42

초성퀴즈

전자식 장치를 이용하여 저울판 위에 올려놓은 상품의 무게와 가격이 숫자로 표시되는 저울을 무엇이라고 할까요?

ㅈ ㅈ ㅈ ㅇ ⇒ ☐ ☐ ☐ ☐

설명 카드 만들기

🐾 냥냥이가 전자저울을 설명하는 카드를 만들었어요. 다음 빈칸을 채워 설명 카드를 완성하세요.

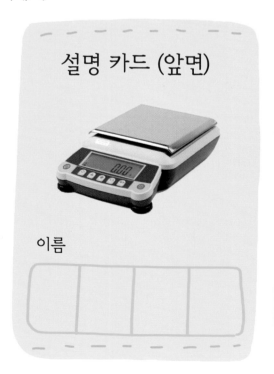

설명 카드 (앞면)

이름

☐ ☐ ☐ ☐

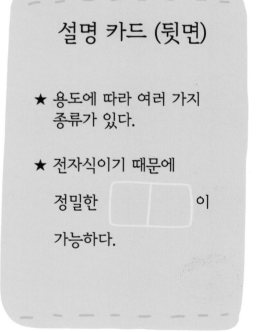

설명 카드 (뒷면)

★ 용도에 따라 여러 가지 종류가 있다.

★ 전자식이기 때문에

정밀한 ☐☐ 이

가능하다.

 **사행시 완성하기**

🐾 '전자저울' 어휘를 이용해 사행시를 지어 볼까요? 시작은 머라냥이 하겠대요. 나머지 부분을 여러분이 완성해 주세요.

전 │ 전기가 없어진다고 생각해 봐.

자 │

저 │

울 │

 **냥이와 문장대결**

🐾 '전자저울'이라는 어휘를 넣어 알갓냥과 문장 대결을 펼쳐 볼까요?

 전자저울로 재어보면 무게 차이를 정확히 알 수 있을 거야.

어휘랑 놀자 43

초성 퀴즈

흘러 들어가도록 부어 넣는 것을 무엇이라고 할까요?

ㅈ ㅇ →

연상되는 어휘 찾기

🐾 머라냥이 어떤 어휘에 대해 설명하고 있어요. 머라냥의 설명을 듣고 떠오르는 어휘를 쓰세요.

페트병에 공기를 채우고 싶을 때에는 공기 ○○ 마개를 이용하면 돼.

자전거 바퀴에 바람이 빠졌을 때, 바람 넣는 기계를 '공기○○기'라고 해.

기억과 암기를 주로 하여 지식을 넣어 준다는 뜻도 가지고 있대.

정답:

뜻이 비슷한 어휘 찾기

뜻이 비슷한 어휘를 함께 공부하면 실력이 쑥쑥 늘겠지요? 색연필로 줄을 따라 그어서 '주입'과 비슷한 뜻을 가진 낱말을 찾은 다음 ○표 하세요.

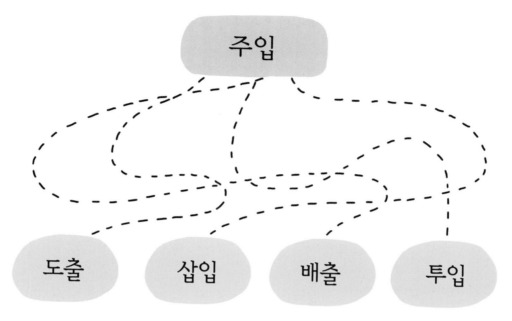

머라냥이와 문장대결

'주입'라는 어휘를 넣어 머라냥과 문장 대결을 펼쳐 볼까요?

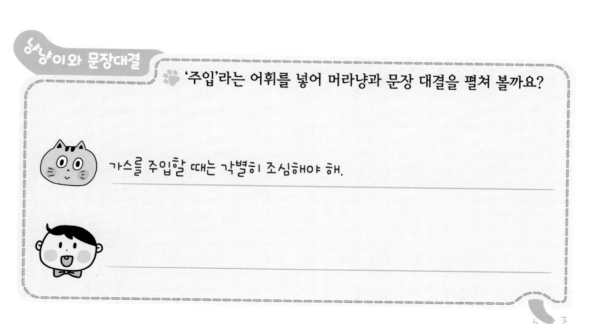

가스를 주입할 때는 각별히 조심해야 해.

도출   삽입   배출   투입

주입

93

어휘랑 놀자
44

성귀즈
초

일정한 방향으로 나아가던 파동이 다른 물체의 표면에 부딪쳐서 나아가던 방향을 반대로 바꾸는 현상을 무엇이라고 할까요?

ㅂ ㅅ ⇒ ☐ ☐

개념 이해하기

🐾 다음은 '반사'를 이용한 설명이에요. 맞으면 '맞다'에, 틀리면 '틀리다'에 ∨표 하세요.

체육관에서 소리쳤을 때 소리가
되돌아오는 것은 소리가
반사되기 때문이에요.

맞다　　틀리다

빛도 나아가다가 물체에 부딪치면
반사돼요.

맞다　　틀리다

우리가 물체의 색깔을
볼 수 있는 건 물체가 빛을
반사시키기 때문이에요.

맞다　　틀리다

소리는 물체의 표면이 딱딱할수록
잘 반사되지 않고 물체의 표면이
부드러울수록 잘 반사돼요.

맞다　　틀리다

어휘 더하기

'반사'가 새로운 글자를 만나 어떤 뜻을 가진 어휘가 되는지 아래에서 알맞은 글자를 찾아 쓰세요.

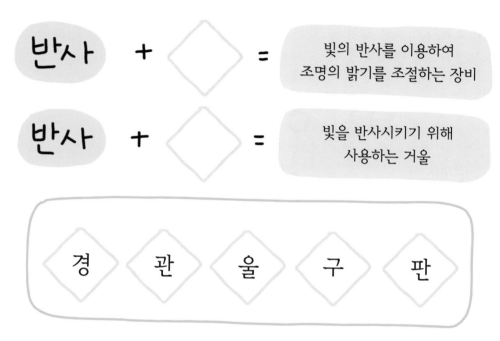

빛의 반사를 이용하여 조명의 밝기를 조절하는 장비

빛을 반사시키기 위해 사용하는 거울

경 관 울 구 판

냥이와 문장대결

'반사'라는 어휘를 넣어 예쁘냥과 문장 대결을 펼쳐 볼까요?

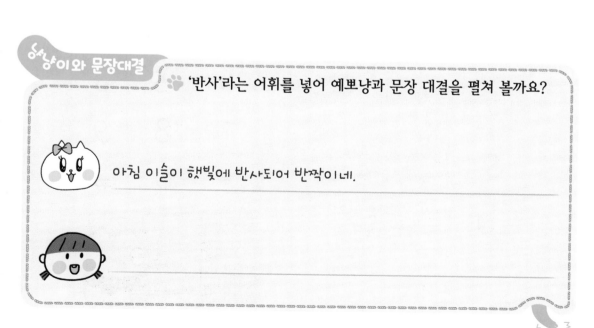

아침 이슬이 햇빛에 반사되어 반짝이네.

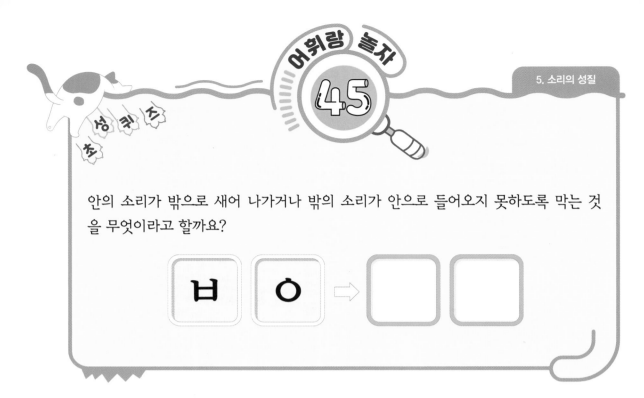

안의 소리가 밖으로 새어 나가거나 밖의 소리가 안으로 들어오지 못하도록 막는 것을 무엇이라고 할까요?

ㅂ ㅇ → ☐ ☐

현관문을 열어라!

머라냥이 집 현관 비밀번호를 잊어버렸어요. 마지막 숫자가 도저히 생각나지 않는다고 해요. '방음'에 대한 바른 설명이 적힌 숫자를 찾아 집 현관 비밀번호의 마지막 숫자에 색칠해 주세요.

1	이중창을 설치하면 바깥의 시끄러운 소리가 더 잘 들린다.
7	방음벽은 소리를 잘 전달시키는 역할을 한다.
9	방음재를 설치하여도 소음을 줄이는 데 도움이 되지 않는다.
0	집에서 실내화를 신으면 층간 소음을 줄일 수 있다.

1	2	3
4	5	6
7	8	9
*	0	#

어휘 계단 만들기

머라냥이 '방음'의 '방'으로 시작하는 2글자 어휘, 3글자 어휘, 4글자 어휘로 어휘 계단을 만들었어요. 여러분도 '방'으로 시작하는 어휘 계단을 만들어 보세요.

방	귀		
방	정	환	
방	범	대	원

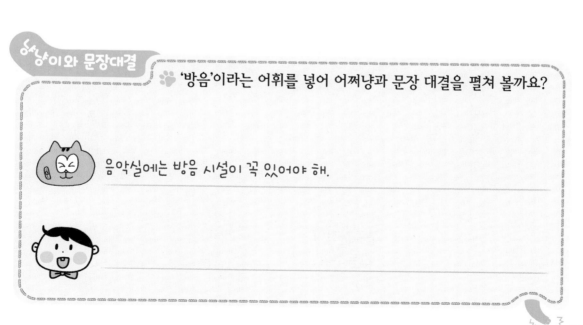

냥이와 문장대결

'방음'이라는 어휘를 넣어 어쩌냥과 문장 대결을 펼쳐 볼까요?

음악실에는 방음 시설이 꼭 있어야 해.

97

어휘랑 놀자 46

초성 퀴즈

일정한 진동수의 소리를 내는 기구를 무엇이라고 할까요?

ㅅ ㄹ ㄱ ㅅ →

문장 바르게 연결하기

소리굽쇠를 설명하는 문장이 완성되도록 선을 연결해 주세요.

일정한
진동수의

빛을
내는

소
리
굽
쇠
란

기
구
이
다.

불규칙적인
진동수의

소리를
내는

🐾 소리굽쇠에 대해 선생님처럼 설명해 볼까요? 소리굽쇠가 어떻게 생겼는지, 어떤 특성을 지녔는지 듣는 사람이 이해하기 쉽도록 설명해 주세요.

▶ 소리굽쇠
일정한 진동수의
소리를 내는 기구

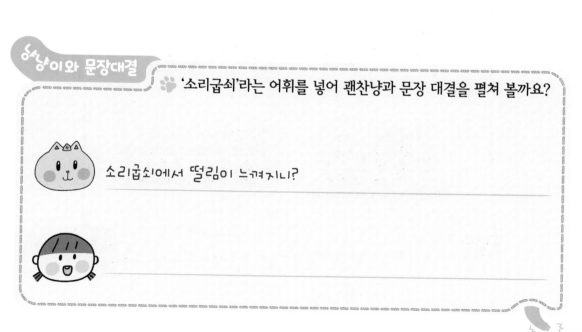

🐾 '소리굽쇠'라는 어휘를 넣어 괜찮냥과 문장 대결을 펼쳐 볼까요?

소리굽쇠에서 떨림이 느껴지니?

99

어휘랑 놀자 47

불규칙하게 뒤섞여 불쾌하고 시끄러운 소리를 무엇이라고 할까요?

ㅅ ㅇ →

이웃끼리 배려해요

🐾 다음은 공동 주택에서 이웃끼리 배려하고 사이좋게 지내는 방법에 대한 그림이에요.
빈칸에 공통으로 들어갈 어휘를 쓰세요.

❶ 이웃끼리 반갑게 인사해요.

❷ 슬리퍼 착용으로 ☐☐을 줄여요.

❸ 층간 ☐☐ 방지 매트를 활용해요.

❹ 혼자가 아니라 다 함께 산다 는 걸 기억해요.

정답: ☐☐

숨은 소음 찾기

🐾 우리 생활 주변에는 여러 가지 소음이 있어요. 다음 그림에서 소음이 발생한 부분을 찾아 ○표 하고 어떤 소음인지 아래에 적어 보세요.

①

②

③

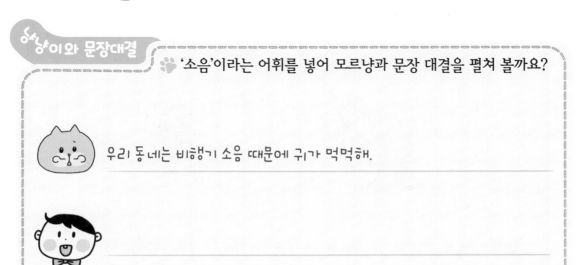

냥이와 문장대결   🐾 '소음'이라는 어휘를 넣어 모르냥과 문장 대결을 펼쳐 볼까요?

우리 동네는 비행기 소음 때문에 귀가 먹먹해.

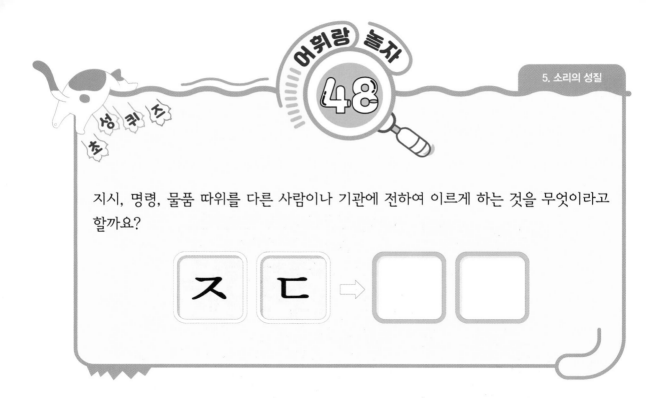

어휘랑 놀자
48

초성 퀴즈

지시, 명령, 물품 따위를 다른 사람이나 기관에 전하여 이르게 하는 것을 무엇이라고 할까요?

| ㅈ | ㄷ | ⇒ | | |

교과서 속 어휘 찾기

오늘 배운 어휘인 '전달'을 교과서에서 한 번 찾아보기로 해요. 다음 교과서 내용 중에서 '전달' 어휘를 찾아 ○표 하세요.

해 보아요

실 전화기로 소리 전달하기

① 친구에게 하고 싶은 말을 실 전화기로 전달해 봅시다.

② 실 전화기로 소리를 전달할 때 실에 손을 살짝 대 본 후 그 느낌을 이야기해 봅시다.

③ 실 전화기로 소리가 전달되는 원리를 이야기해 봅시다.

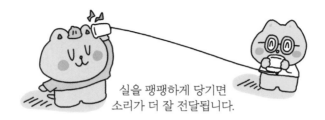

실을 팽팽하게 당기면 소리가 더 잘 전달됩니다.

실 전화기의 한쪽 종이컵에 입을 대고 소리를 내면 실이 떨리면서 소리가 전달되어 다른 쪽 종이 컵에서 소리를 들을 수 있습니다. 이처럼 실 전화기는 실의 떨림으로 소리가 전달됩니다.

바르게 연결하기

🐾 소리는 여러 가지 물질을 통해 전달되지요. 소리를 전달하는 여러 가지 상태의 물질과 관련 있는 내용을 바르게 연결하세요.

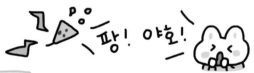

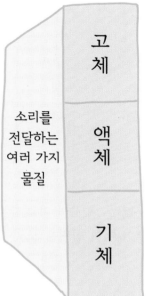

소리를 전달하는 여러 가지 물질

고체 •

액체 •

기체 •

• 놀이터에서 친구가 외치는 소리는 공기를 통해 전달됩니다.

• 사람의 몸속에서 나는 소리는 몸을 통해 전달됩니다.

• 물속에 있는 스피커에서 나는 소리는 물을 통해 전달됩니다.

알갖냥이와 문장대결

'전달'이라는 어휘를 넣어 알갖냥과 문장 대결을 펼쳐 볼까요?

네가 들은 뉴스 내용을 하나도 빠짐없이 모두 전달해 줘.

어휘랑 놀자
49

초성 퀴즈

사물이나 능력, 책임 따위가 실제 작용할 수 있는 범위, 또는 그런 범위를 나타내는 선을 무엇이라고 할까요?

ㅎ ㄱ → □ □

스피드 퀴즈

🐾 냥냥이들이 스피드 퀴즈 놀이를 하고 있어요. 째깍째깍 시간은 자꾸만 흘러가는데, 이번 어휘를 어떻게 설명해야 할지 너무 난감하네요. 여러분이 어휘 설명을 도와주세요.

도와줘!

한계

104

 나는야, 어휘 부자!

🐾 "계계계 자로 끝나는 말은.... ♪~♬" 어떤 게 있을까요? 냥냥이들은 벌써 찾았나봐요. 여러분도 할 수 있는 만큼 빈칸을 채워 보세요.

너희들도 한 번 생각해 보렴.

통계   ─계   시계

단계

냥냥이와 문장대결

🐾 '한계'라는 어휘를 넣어 머라냥과 문장 대결을 펼쳐 볼까요?

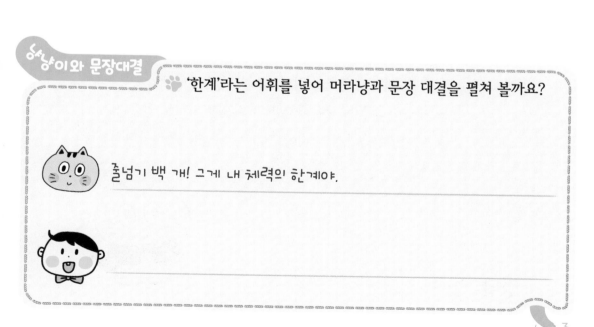

줄넘기 백 개! 그게 내 체력의 한계야.

105

무엇에 대한 설명일까?

🐾 머라냥이 열심히 설명 중이에요. 아래 내용을 보고 무엇에 대한 설명인지 맞혀 보세요.

★ 영화 속에 나오는 말이 달리는 소리, 파도 소리, 바람 소리 등 사람 목소리와 음악을 제외한 모든 소리를 말해요.
★ 이것 덕분에 영화의 장면이 더욱 실감납니다.
★ 다양한 소품을 활용해 실제와 비슷한 소리를 만듭니다.
★ 이런 여러 가지 소리를 만드는 사람을 폴리아티스트라고 합니다.

정답: ☐☐☐

Hungarian

106

상상 더하기

🐾 음향을 만들어 내는 폴리아티스트가 되어 보기로 해요. 재미있었던 영화의 한 장면을 떠올려 보세요. 그 장면에 어울리는 소리를 만들어 볼까요? 그 소리를 만들려면 어떤 재료를 이용하면 좋을까요?

어떤 효과음을 만들 거야?

그 효과음을 만들기 위해
어떤 재료를 사용하면 좋을까?

냥이와 문장대결

🐾 '효과음'이라는 어휘를 넣어 예쁘냥과 문장 대결을 펼쳐 볼까요?

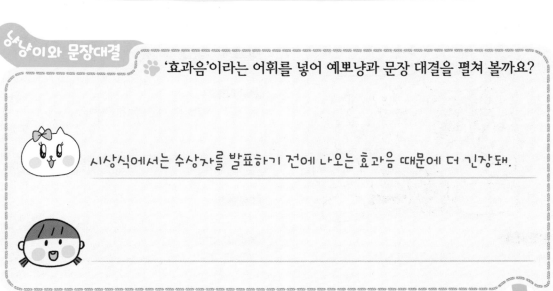

시상식에서는 수상자를 발표하기 전에 나오는 효과음 때문에 더 긴장돼.

채점 기준

초성 퀴즈	정확한 답 1개만 정답이 될 수 있어요!
활동 퀴즈	'정답'을 묻는 문제라면 정확한 답인지 확인하고요, '예시'를 찾는 문제라면 조건에 맞는지 확인하세요.
문장 대결	어휘가 문맥에 어울리는지, 위에 나온 예시 문장과 다른 점이 있는지, 문장의 형태를 갖추었는지 확인하세요.

01 결과　　　　　8쪽

초성 퀴즈

결과

모두 찾아라

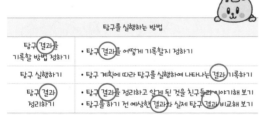

탐구를 실행하는 방법	
탐구 (결과)를 기록할 방법 정하기	• 탐구 (결과)를 어떻게 기록할지 정하기
탐구 실행하기	• 탐구 계획에 따라 탐구를 실행하여 나타나는 (결과) 기록하기
탐구 (결과) 정리하기	• 탐구 (결과)를 정리하고 알게 된 것을 친구들과 이야기해 보기 • 탐구를 하기 전 예상한 (결과)와 실제 탐구 (결과) 비교해 보기

7번

대화 완성하기

문장 대결

㉔ 열심히 했으니까 결과를 기대해 보자.

02 문제　　　　　10쪽

초성 퀴즈

문제

풍선 색칠하기

암호표에서 정답을 찾아라!

문제

문장 대결

㉔ 혼자 해결하기엔 너무 어려운 문제야.

03 발표　　　　　12쪽

초성 퀴즈

발표

물고기를 낚아라

그림, 표, 그래프, 사진

예 빙고 - 고무신 - 신발 - 발표

발표 - 표지판 - 판사 - 사람

문장 대결

예 내가 발표할 차례야.

04 실행 14쪽

초성 퀴즈

실행

○× 퀴즈

문제	○, × 선택	
(1) '실행'은 한자어로 실제로 행한다는 뜻이다.	○	×
	∨	
(2) '실행'과 비슷한 뜻을 가진 낱말에는 '실시', '시행' 등이 있다.	○	×
	∨	
(3) 탐구를 실행하면서 나타나는 결과는 기록하지 않아도 된다.	○	×
		∨

숨은 글자 찾기

실: 예 실적, 실습, 실제, 실망 등

행: 예 행주, 행정복지센터, 행진, 행운 등

문장 대결

예 나의 계획을 실행할 때가 됐어.

05 주의 16쪽

초성 퀴즈

주의

글자 다리 건너기

뜻 찾아 연결하기

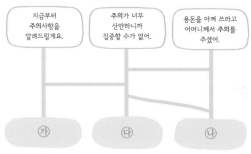

문장 대결

예 주의가 산만해서 자꾸 다치는 것 같아.

06 극지방 18쪽

초성 퀴즈

극지방

찾아찾아 연결

냥냥이가 타야 할 버스는?

122

문장 대결

예 극지방에는 어떤 동물들이 살고 있어?

07 모방   20쪽

초성 퀴즈

모방

알맞게 연결하기

상어, 피부, 모방

문어, 빨판, 모방

오리, 물갈퀴, 모방

애벌레 색칠하기

본뜨기   모본   모습

*낱말과 색깔의 순서는 달라도 됨.

문장 대결

⑩ 두더지의 앞발을 모방한 로봇이 있대.

08 물갈퀴   22쪽

초성 퀴즈

물갈퀴

분류 기준에 맞게 분류하기

물갈퀴

범인을 찾아라

❶ 물갈퀴 ❷ 물갈퀴 ❸ 개구리
❹ 오리 ❺ 물갈퀴 ❻ 오리 ❼ 오리

문장 대결

⑩ 물갈퀴를 가지고 태어난 강아지도 있대.

09 발굽   24쪽

초성 퀴즈

발굽

○✕ 퀴즈의 끝은?

 사자

시작 단어로 돌아오기

❶ 고장 ❷ 난초 ❸ 사자 ❹ 기대 ❺ 변신

문장 대결

⑩ 발굽 소리가 마치 또각또각 구두소리 같아.

10 빨판   26쪽

초성 퀴즈

빨판

빨판, 너는 이렇게 생겼어

❶ 수축 ❷ 낮추

(동영상이나 사진에서 문어의 빨판 모습을 관찰한 다음 자유롭게 그린다.)

새로운 어휘를 찾아라

발: ⑩ 발대, 빨래, 빨리, 빨다 등

판: ⑩ 판사, 판다, 판매, 판결 등

문장 대결

⑩ 문어는 빨판으로 못하는 게 없어.

11 보온   28쪽

초성 퀴즈

보온

바른길 찾기

함께 쓰이는 말

문장 대결

⑩ 보온 도시락에 담아 두면 식지 않을 거야.

열기구 색칠하기

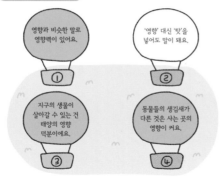

①
영향과 비슷한 말로
영향력이 있어요.

②
'영향' 대신 '탓'을
넣어도 말이 돼요.

③
지구의 생물이
살아갈 수 있는 건
태양의 영향
덕분이에요.

④
동물들의 생김새가
다른 것은 사는 곳의
영향이 커요.

문장 대결
㉘ 부모님의 좋은 영향을 많이 받았어.

---

18 잠수 42쪽

초성 퀴즈
잠수

퍼즐에 들어갈 낱말 찾기
잠수

뜻이 다른 하나 찾기
❸번, 바닷속에 들어가 해삼, 전복, 미역 따위를 따는 것을 직업으로 하는 여자

문장 대결
㉘ 우리 잠수 대결할까?

---

19 증강현실 44쪽

초성 퀴즈
증강현실

공통 글자 찾기

증상	증기	짜증
기증	증	증거
증발	수전증	증명

강의	강도	낙동강
강폭	강	강변
금강산	강연	강강술래

현상	현장	현악기
현실	현	구현
재현	현대	관현악

실천	손실	실마리
실명	실	성실
과학실	구실	실뜨기

증강현실

알맞은 어휘 선택하기

증강현실과 가상현실은 (같은, **다른**) 말이야.

증강현실은 혼합현실과 (**같은**, 다른) 말이야.

증강현실은 실제로 (**존재하는**, 존재하지 않는) 배경이나 이미지에 가상을 겹쳐 보여 주는 기술이야.

가상현실은 사용하는 배경이나 이미지가 모두 (진짜, **가상**)(이)야.

문장 대결
㉘ 증강현실과 가상현실의 차이는 뭐야?

---

20 촉수 46쪽

초성 퀴즈
촉수

다섯 고개를 넘어라
촉수

'수'로 끝나는 어휘 만들기
㉘ 소수, 분수, 복수, 골수, 박수, 증류수, 감수 등

문장 대결
㉘ 촉수를 가진 동물들을 더 찾아볼까?

---

21 특징 48쪽

초성 퀴즈
특징

어휘 팻말의 주인을 찾아라

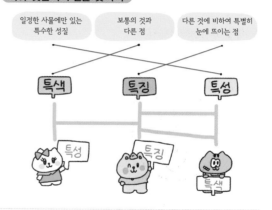

일정한 사물에만 있는
특수한 성질

보통의 것과
다른 점

다른 것에 비하여 특별히
눈에 뜨이는 점

특색   특징   특성

특성   특징   특색

동물 이모티콘 만들기

 예 토끼: 꼬리가 짧고 귀가 길며 몸이 하얗다.

(설명한 특징을 살린 이모티콘을 자유롭게 그린다.)

문장 대결

예 가장 큰 특징을 찾아 설명해 보자.

22 파괴 50쪽

초성 퀴즈

파괴

꽃잎 색칠하기

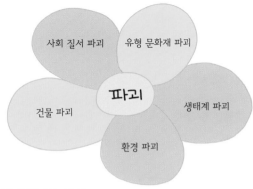

사회 질서 파괴
유형 문화재 파괴
파괴
건물 파괴
생태계 파괴
환경 파괴

환경 다짐 글 쓰기

예 파괴, 자연, 북극곰: 환경이 파괴되어 북극곰이 멸종되고 있습니다. 동물들이 살 수 없다는 건, 사람도 살 수 없다는 뜻입니다. 지금부터라도 자연을 아끼고 보호할 수 있는 방법을 찾아 실천하겠습니다.

문장 대결

예 우리 문화재가 이렇게 많이 파괴된 줄 몰랐어.

23 강폭 52쪽

초성 퀴즈

강폭

빈칸에 들어갈 말은?

❶ 강폭 ❷ 경사

다른 뜻 찾기

알갓냥

문장 대결

예 강폭이 너무 넓어서 건널 수가 없어.

24 거름종이 54쪽

초성 퀴즈

거름종이

흩어진 글자 찾기

번호: 7246, 어휘: 거름종이

깜빡한 어휘 찾기

여과지

문장 대결

예 모두 건져서 거름종이 위에 올려줘.

25 방파제 56쪽

초성 퀴즈

방파제

바르게 연결하기

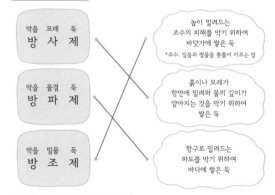

막을 모래 둑
방 사 제

막을 물결 둑
방 파 제

막을 밀물 둑
방 조 제

높이 밀려드는 조수의 피해를 막기 위하여 바닷가에 쌓은 둑
*조수: 밀물과 썰물을 통틀어 이르는 말

흙이나 모래가 항만에 밀려와 물의 깊이가 얕아지는 것을 막기 위하여 쌓은 둑

항구로 밀려드는 파도를 막기 위하여 바다에 쌓은 둑

생각이 자라는 어휘 만들기

예 방: 방직기, 방울, 방충복, 방열복, 방음 등

파: 송파구, 이파리, 뱀파이어, 초파리 등

제: 형제, 과제, 주제, 문제 등

문장 대결

예 방파제에서 낚시하는 사람들이 아주 많아.

26 변화 58쪽

초성 퀴즈

변화

문장에 어울리는 어휘 찾기

❶ 변신 ❷ 변색 ❸ 변경

정리 쏙쏙, 빈칸을 채워라

낮은 곳, 오랜 시간, 변화, 변화

문장 대결

㉎ 지금부터 변화를 잘 관찰해야 해.

27 부식물 60쪽

초성 퀴즈

부식물

좌표를 읽어라

① 부식물, ② (2,c) (4,d) (5,a)

집 찾아가기

부식물은 화단 흙보다 운동장 흙에 더 많아요.

부식물이 많을수록 식물은 잘 자라지 못해요.

식물의 뿌리나 줄기, 죽은 곤충 등이 썩은 것을 말해요.

식물이 잘 자라는 흙에 많이 섞여 있어요.

부식물이 많은 흙은 물을 부었을 때 물에 뜨는 물질이 많아요.

문장 대결

㉎ 부식물이 많은 흙이 좋은 흙이래.

28 상류 62쪽

초성 퀴즈

상류

가로세로 퍼즐

	❶보	❷온		
❸방		도		❶상
파			❷상	류
❹제	주		❸변	화

이곳은 어디?

( )

(○)

상류

(○)

( )

문장 대결

㉎ 강 상류에는 펜션들이 즐비해 있었어.

29 알갱이 64쪽

초성 퀴즈

알갱이

골든벨을 울려라!

어쩌냥

만화 완성하기

(팝콘을 하나 손으로 들고) "옥수수 알갱이가 팝콘이 되었어. 너무 신기해. 하나 먹어볼까?"

(머라냥의 옷에 묻은 모래 털어내는 것을 도와주며) "모래 알갱이는 잘 털어지니까 걱정하지 마."

문장 대결

㉎ 모래 알갱이가 반짝반짝 빛나네.

30 양분 66쪽

초성 퀴즈

양분

보물찾기

예쁘냥

내가 만날 친구는?

양분은 영양분과 같은 뜻을 지닌 어휘이다.

부식물은 식물이 잘 자랄 수 있게 도와주는 양분이 된다.

문장 대결

㉠ 나무는 뿌리로 양분을 흡수해.

31 작용 68쪽

초성 퀴즈

작용

이야기 완성하기

㉠ 나는 오랜 시간 동안 바람과 흐르는 물의 작용으로 데굴데굴 굴러다녔어. 그러면서 내 몸이 부서지고 깨진 거지. 그런 일이 매일 매일 반복됐어.

벌집 모양 끝말잇기

운명
명작
서울 산울림
용서 울산
작용 산장
시작 용기 산소
기대
대답

문장 대결

㉠ 운동이 우리 몸에 어떤 작용을 하는지 알아볼까?

32 지형 70쪽

초성 퀴즈

지형

공통 어휘 넣기

지형

바른 설명 찾기

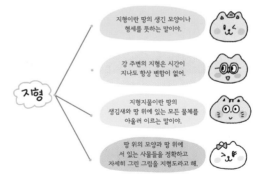

지형이란 땅의 생긴 모양이나 형세를 뜻하는 말이야.

강 주변의 지형은 시간이 지나도 항상 변함이 없어.

지형지물이란 땅의 생김새와 땅 위에 있는 물체를 아울러 이르는 말이야.

땅 위의 모양과 땅 위에 서 있는 사물들을 정확하고 자세히 그린 그림을 지형도라고 해.

지형

문장 대결

㉠ 여긴 지형이 고르지 않아서 살기 불편할 거 같아.

33 침식 72쪽

초성 퀴즈

침식

알고 싶은 내용 검색하기

3번

알맞은 어휘 넣기

침식

문장 대결

㉠ 바위가 침식되어 이런 모양이 된 거야.

34 평야 74쪽

초성 퀴즈

평야

틀린 어휘 고치기

좁은 → 넓은, 어려워서 → 쉬워서

비밀 숫자 찾기

땅	운	평	야
모	반	바	알
래	겡	람	갱
흙	퇴	적	이

비밀 숫자는? 7

문장 대결

📣 끝없이 펼쳐진 평야를 좀 봐.

35 하류 76쪽

초성 퀴즈

하류

어디일까?

설명에 알맞은 낱말 찾기

바	퇴	적	래	완
돌	하	위	만	운
설	흙	류	모	활
경	사	알	강	작
이	갱	반	폭	많

문장 대결

📣 평야는 주로 강의 하류에 발달해.

36 고체 78쪽

초성 퀴즈

고체

고체로 된 물질 찾기

📣 책, 실내화, 숟가락, 연필 등

비밀번호를 찾아라

9530

문장 대결

📣 우리 주변에서 고체를 한 번 찾아보자.

37 공간 80쪽

초성 퀴즈

공간

나는 어휘 부자!

📣 공기, 고기, 곳간, 국군, 가공, 곶감 등

문제 내고 답하기

공간

문장 대결

📣 이 공간을 어떻게 꾸미면 좋을까?

38 기체 82쪽

초성 퀴즈

기체

나는 무엇일까요?

바람개비를 돌리는 공기

비눗방울 색칠하기

축구공, 튜브 안을 채우고 있는 공기는 기체이다.

풍선을 채우는 공기의 모양은 풍선의 모양과 같아진다.

공기를 넣은 축구공과 넣지 않은 축구공은 무게가 같다.

기체는 다른 곳으로 이동할 수 있다.

문장 대결

📣 기체가 무게가 있다고?

39 상태 84쪽

초성 퀴즈

상태

바른 답을 말하는 냥냥이는?

예쁜냥

공통 글자와 새로운 어휘 찾기

예

대상 감상 상상 동태 태엽 태극기
상황 **상** 상실 태풍 **태** 태도
상추 상장 형태 태양
포상 태권도

문장 대결

예 지금이 최고로 좋은 상태야.

---

40 액체 86쪽

초성 퀴즈
액체

다섯 고개 문제 내기
❶ 소 ❷ 액체

숨은그림찾기

문장 대결
예 주스는 액체라서 흔들리면 쏟아지니까 조심히 들고 가.

---

41 원리 88쪽

초성 퀴즈
원리

십자말풀이
❶ 과수원 ❷ 원리

새로운 무지개 만들기

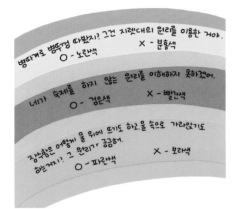

문장 대결
예 로봇청소기는 어떻게 혼자 청소를 하지? 그 원리가 너무 궁금해.

---

42 전자저울 90쪽

초성 퀴즈
전자저울

설명 카드 만들기

설명 카드 (앞면)

이름
전 자 저 울

설명 카드 (뒷면)

★ 용도에 따라 여러 가지 종류가 있다.
★ 전자식이기 때문에 정밀한 측 정 이 가능하다.

사행시 완성하기

예

 전 전기가 없어진다고 생각해 봐.

 자 자도 자도 밤 같을 거야. 불을 켤 수 없으니까.

 저 저녁이 되어도 기쁘지 않을 거야.

 울 울적하기만 할 걸.

문장 대결

예 전자저울에 물건을 올려놓고 가격이 얼마인지 확인해 보렴.

43 주입 92쪽

초성 퀴즈

주입

연상되는 어휘 찾기

주입

뜻이 비슷한 어휘 찾기

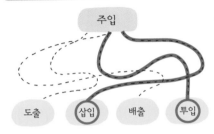

주입

도출   삽입   배출   투입

문장 대결

예 공기주입기 좀 함께 찾아줘.

44 94쪽

초성 퀴즈

반사

개념 이해하기

체육관에서 소리쳤을 때 소리가
되돌아오는 것은 소리가
반사되기 때문이에요.

맞다   틀리다

빛도 나아가다가 물체에 부딪치면
반사돼요.

맞다   틀리다

우리가 물체의 색깔을
볼 수 있는 건 물체가 빛을
반사시키기 때문이에요.

맞다   틀리다

소리는 물체의 표면이 딱딱할수록
잘 반사되지 않고 물체의 표면이
부드러울수록 잘 반사돼요.

맞다   틀리다

어휘 더하기

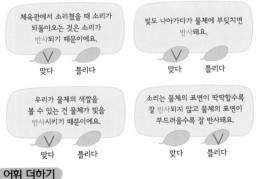

반사 + 판 = 빛의 반사를 이용하여
조명의 밝기를 조절하는 장비

반사 + 경 = 빛을 반사시키기 위해
사용하는 거울

문장 대결

예 빛이 반사되어 눈이 불편해.

45 방음 96쪽

초성 퀴즈

방음

현관문을 열어라!

어휘 계단 만들기

예

방	울		
방	송	국	
방	방	곡	곡

문장 대결

예 방음이 되지 않으면 너무 시끄러울 거 같아.

46 소리굽쇠 98쪽

초성 퀴즈

소리굽쇠

문장 바르게 연결하기

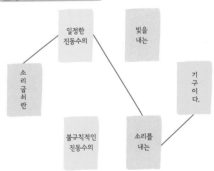

일정한
진동수의

빛을
내는

소
리
굽
쇠
란

기
구
이
다.

불규칙적인
진동수의

소리를
내는

선생님처럼 설명하기

예 소리굽쇠를 고무망치로 치면 떨리면서 소리가 나요. 소리가 나는 물체는 떨림이 있는데 소리굽쇠가 그걸 알려주는 도구예요.

문장 대결
ⓔ 소리굽쇠를 친 다음 물속에 넣어봐. 어떤 일이 일어날까?

47 소음 100쪽

초성 퀴즈
소음

이웃끼리 배려해요
소음

숨은 소음 찾기

① 가게의 큰 음악 소리
② 사람들이 웅성거리는 소리
③ 도로의 차들이 내는 소리

문장 대결
ⓔ 소음도 공해야.

48 전달 102쪽

초성 퀴즈
전달

교과서 속 어휘 찾기

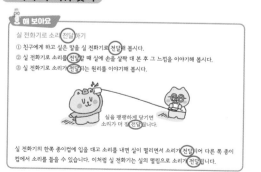

바르게 연결하기

문장 대결
ⓔ 실 전화기를 이용해 친구에게 목소리를 전달해 보세요.

49 한계 104쪽

초성 퀴즈
한계

스피드 퀴즈
ⓔ 더 할 수 없는 마지막을 나타낼 때 '이젠 ○○에 다다랐어.' 라는 표현을 많이 해.

나는야, 어휘 부자!
ⓔ 세계, 동계, 사계, 음계, 소계 등

문장 대결
ⓔ 더운 날씨로 모두들 한계에 다다랐다.

50 효과음 106쪽

초성 퀴즈
효과음

무엇에 대한 설명일까?
효과음

상상 더하기
ⓔ

어떤 효과음을 만들 거야?

친구가 라면을 맛있게 먹는 소리를 만들 거야.

그 효과음을 만들기 위해 어떤 재료를 사용하면 좋을까?

빨래판과 막대기를 이용해 살살 긁으면 후루룩과 비슷한 소리가 날 것 같아.

문장 대결
ⓔ 내가 동작에 어울리는 효과음을 넣어볼게.

1판 1쇄 펴냄 | 2023년 8월 25일

기　획　| 이은경
글　　　| 이은경·정명숙
그　림　| 김재희
발행인　| 김병준
편　집　| 이현주·박유진
마케팅　| 김유정·차현지
디자인　| 김용호·권성민
발행처　| 상상아카데미

등록 | 2010. 3. 11. 제313-2010-77호
주소 | 서울시 마포구 독막로 6길 11(합정동), 우대빌딩 2, 3층
전화 | 02-6953-8343(편집), 02-6925-4188(영업)
팩스 | 02-6925-4182
전자우편 | main@sangsangaca.com
홈페이지 | http://sangsangaca.com

ISBN 979-11-85402-93-2 (64080)